KB218473

성경 속 노마드

성경 속 노마드

이야기 나그네신학, 베드로서_희망의 가르침

초판 1쇄 인쇄 | 2019년 8월 07일
초판 1쇄 발행 | 2019년 8월 14일

저자 | 배경락
발행인 | 강영란

편집 | 권지연
사진 | 배경락
표지디자인 | 꽃피는청춘
본문디자인 | 트리니트
마케팅 및 경영지원 | 이진호

펴낸곳 | 도서출판 샘솟는기쁨
주소 | 서울시 충무로 3가 59-9 예림빌딩 402호
전화 | 대표 (02)517-2045
팩스 | (02)517-5125(주문)

이메일 | atfeel@hanmail.net
홈페이지 | www.vivi2.net
출판등록 | 2006년 7월 8일

ISBN 979-11-89303-19-8(03200)

이 도서의 국립중앙도서관 출판예정도서목록(CIP)은
서지정보유통지원시스템 홈페이지(http://seoji.nl.go.kr)와
국가자료종합목록 구축시스템(http://kolis-net.nl.go.kr)에서
이용하실 수 있습니다. (CIP제어번호 : CIP2019029122)

※책값은 뒤표지에 있습니다.
※잘못 만들어진 책은 바꿔 드립니다.

성경 속 노마드

배경락 지음

샘솟는 기쁨

하나님의 위로와 희망의 메시지

성경은 하나님 백성의 삶의 정체성을 '흩어진 나그네'로 정의합니다. 바람에 날리는 민들레 홀씨와 같이 흩어진 나그네로 살아가는 삶은 하나님의 의도와 목적이 담겨 있습니다.

저자는 이와 같은 나그네의 삶에 동행하시는 하나님의 은혜를 담담하게 때로는 예리하게 풀어냅니다. 특별히 베드로의 편지를 '하나님의 선교'의 관점으로 읽어가며, 고통과 의문에 직면해 있던 초대 교회 성도들에게 주신 하나님의 위로와 희망의 메시지를 드러냅니다. 또한 어디로 가야 할지 몰라 고민하던 초대 기독교 공동체에 주어진 하나님 나라의 가치를 풀어냅니다.

고도로 발달한 문명을 살아가는 현대인의 삶도 그 본질은 '나그네'의 삶입니다. 오늘날 한국교회 역시 나아갈 방향을 잃은 난파선과 같습니다. 이때 저자의 글은 위로와 희망을 주고, 한국교회가 잃어버린 오래된 새 길을 찾게 도와줍니다. **김의원 교수** | 총신대 전 총장, ATEA 대학원 총장

인문학적 글쓰기로 성경의 가르침을 다층적으로

'흩어진 자들', '거류민들', '나그네들', '일시 체류자들', '타지인들', 이 땅에 살고 있는 그리스도인의 정체성을 이보다 더 정밀하고 가슴 사무치게 표현하는 용어들이 어디 있으랴. 저자는 베드로의 서신을 '나그네(노마드)'

의 프리즘으로 읽어내는 탁월한 필력을 선보인다. 단순 주석서가 아니라 인문학적 풍부한 자료와 상상력을 동원하여 베드로서의 나그네 신학을 현실성 있게 재구성한 예술 사진과 같다. 인문학적 글쓰기로 성경의 가르침을 다층적으로 현시하는 저자의 역량에 경탄한다. 반복해서 나 자신의 정체성을 기억나게 하는 알람 소리 같다. 목회자와 신학생은 물론 일반 신자들에게도 꼭 권하고 싶은 책이다. **류호준 목사** | 백석대학교 신학대학원 구약학은퇴교수

이 진주를 사라! 이 책을 적극 추천한다

베드로서의 '나그네'를 주제로 쓴 『성경 속 노마드』는 선교학적 통찰이 돋보인다. 초대교회 역사적 상황을 박학한 인문학적 소양으로 해석하며, 사도 베드로의 편지를 나그네 선교 신학으로서 풀어냈다.

고대 중동에서 '약자'를 상징하는 사람들은 '나그네, 고아, 과부, 가난한 자'였으며, 본토민이 아닌 나그네는 그 땅의 주인으로서 어떤 행사도 할 수 없다는 의미를 담고 있다.

내가 번역한 『선교학적 관점에서 본 기독교 선교운동사』에서 저자 폴 피어슨(Paul Pierson) 교수는 "선교적 소명에 응답한 사람들은 대부분 교회나 사회에서 소외된 창조적 소수들이었다. 나그네들이었다"라고 했다. 이 책은 창조적 소수자 나그네들인 그들의 리더십은 낮아짐의 리더십이고,

성육신의 리더십이었음을 강조한다.

특히 이 책에서 나그네 그리스도인의 생존전략은 하나님을 알고 바른 관계를 맺는 것, 하나님의 마음을 읽어 하나님의 감정을 공유하는 것, 하나님이 아파하는 것에 아파하고, 하나님이 슬퍼하는 것에 슬퍼해야 한다는 데 깊이 공감한다.

이 책은 마태복음 13장의 값진 진주와 같고, 그 진주들을 잘 꿴 진주 목걸이와 같다. 이 진주를 사라! 나는 이 책을 적극 추천한다. **임윤택 교수** |
William Carey International University 교수

흩으심은 징계가 아니라 하나님의 도구

저자는 하나님의 백성을 베드로처럼 고향을 떠나 잠시 머물러 살거나 떠도는 '나그네'라고 부르면서, 그 나그네의 삶을 이스라엘 백성이 애굽을 떠나 가나안 땅에서 정착할 때까지 힘들었던 것에 비유하고 있다. 또한 이 책은 '나그네' 삶을 하나님의 영적 영향력을 확장하는 통로로 조명하면서, 로마의 핍박 때문에 여러 나라로 흩으심은 심판과 징계가 아니라 하나님의 계획된 도구였음을 깨닫게 한다.

저자 배경락 목사는 『성경 속 왕조실록』에 이어 『성경 속 노마드』를 통해 나의 삶을 다시 돌아보게 하는 계기를 주었다. 또한 이 시대를 살아가는 사람들에게 인생의 방향을 새롭게 설정할 수 있도록 도움을 줄 것이다.

차종율 목사 | 새순교회 담임, Ph. D.

나그네신학을 일상 언어로 잘 정리

'나그네'는 성경 전체에 반복적으로 나타나는 중심적인 주제이다. 대부분 성경의 원 독자들은 실제로 나그네였다. 그러나 기독교인의 나그네 삶은 더 깊은 본질에서 비롯된다. 예수 그리스도를 믿는 사람은 세상과는 다른 가치와 삶의 방식을 가진다. 그래서 세상에 낯선 사람이 된다.

모든 신앙인은 세상에서의 신분과 지위와 상관없이 나그네이다. 교회의 변별성과 능력은 나그네라는 정체성에 기초한 삶에서 나온다. 교회가 나그네의 본질을 잃어버리면 세상과 다름이 없다. 배경락 목사님은 『성경속 노마드』에서 성경에 면면히 흐르는 나그네 신학을 일상의 언어로 잘 정리했다. 한국 교회에 대한 예리한 시각, 말씀에 대한 깊은 묵상, 폭넓은 독서와 적절한 인용, 그리고 진지한 실천적 도전이 돋보인다. 무엇보다 교회를 향한 아픔과 사랑을 읽을 수 있어 깊은 공감을 불러일으킨다. 많은 성도가 이 글을 읽고 믿음으로 나그네의 정체성을 받아들이고, 나그네로서 순례의 여정을 함께 시작할 수 있기 바란다. 그것이 진정한 개혁의 시작이라 믿는다. **안건상 교수** | 풀러신학대학원 '성경과 선교' 교수

나그네, 그 부르심이 얼마나 놀라운 선물인지

성경은 온통 '흩어진 나그네'에 관한 이야기들로 가득 차 있습니다. 창세기부터 시작되는 원 역사, 믿음의 족장들 이야기, 애굽으로의 이주와 출애굽 사건, 광야의 여정과 가나안 정착, 잠깐의 왕정 시대 후 이어지는 포

로기, 그리고 열방에 흩어진 디아스포라의 이야기가 그것입니다. 따라서 '흩어진 나그네'라는 개념은 성경을 대하는 우리에게 무척 훌륭한 틀, 도구가 됩니다.

저자는 필리핀과 한국과 미국이라는 특이한 삶의 궤적을 지나면서 '흩어진 나그네' 됨을 몸소 체험하였습니다. 그리고 그 경험이 저의 성경적인 정체성과 삶의 태도에 큰 영향을 미쳤습니다. 그 증거가 바로 이 저서입니다. 베드로전후서를 '흩어진 나그네'의 자리에서 '나그네'의 시각으로 읽어 내려가며 발견한 진리들이 참으로 아름답습니다.

독자들은 이 책을 읽는 동안 '나그네' 된 자리와 그 부르심이 얼마나 놀라운 하나님의 선물인지를 반복하여 확인하게 될 것입니다. 저자의 안내를 따라 '나그네'의 시각으로 베드로전후서를 읽어 보십시오. 새로운 성경의 세계가 열리고, 이 시대에 꼭 필요한 통찰력들을 얻을 수 있을 것입니다. '흩어진 나그네', 이민자의 한 사람으로서, 저자의 이 멋진 시도에 경의를 표합니다. **김신일 목사** | LA 유니온 교회 담임

증인의 삶으로 초대받은 나그네

『성경 속 노마드』는 긴장(tension) 속에 살아가는 나와 이웃의 다양한 생각을 '나그네' 안에서 바라보며, 그리스도인이란 나그네임을 깊이 묵상하게 한다. 오늘의 한국교회와 성도들의 믿음과 삶을 향한 내밀한 메시지이다. 인자(人子) 예수 그리스도의 생애는 나그네, 즉 이 세상의 타자, 약자, 가

난한 자들과 일치하는 삶이었다. 저자의 폭넓은 사유와 인문학적 깊이가 역력한 이 책은 우리가 그리스도의 고난에 동참하는 흩어진 그리스도인의 삶, 부르심에 응답하는 그리스도인임을 상기시킨다.

"마음의 허리를 동이고"(벧전 1:13) "함께 장로 된 자"(벧전 5:1)로서 그리스도 예수를 따라 살며, 하나님 나라를 이루어 가기를 소망하면서 모든 기도하는 이들에게 이 책을 진심으로 추천한다. **조은아 교수** | 풀러선교대학원 교수

함께라서 외롭지 않은 나그네의 길

지금 어느 곳에서 이 책을 읽든지 우리는 모두 나그네의 삶을 살고 있습니다. 다행인 것은 돌아가야 할 본향이 있는 나그네입니다. 예수님께서도 하늘 시민의 정체성을 잃지 않고, 이 땅에서 나그네로 사셨습니다. 제자 베드로는 예수님처럼 나그네의 삶을 선택했고, 자신과 같이 나그네로 살아가는 형제들을 서신으로 위로하였습니다. 이 책은 베드로가 가지고 있었던 위로의 마음을 고스란히 담고 있습니다. 이 땅에서 신앙의 정체성을 위해 나그네의 삶을 살아가는 성도를 진심으로 위로하고 있습니다. 그리고 가야 할 본향을 떠오르게 하며 바른 길을 제시합니다. 열정적이나 늘 겸손하신 저자 배경락 목사님이 함께 걸어가자고 고백하는 이 책을 많은 나그네에게 적극 추천합니다. **신동수 목사** | 로고스교회 담임

흩으심의 역사

 베드로서에 관한 7가지 질문

진정한 그리스도인은 노마드

어릴 적, 아버지를 따라 나는 충청도, 강원도, 경상도, 서울을 옮겨 다니며 살았다. 결혼하고 나서도 필리핀과 한국과 미국을 떠돌며 생활하다 보니 내 안에 나그네 DNA가 숨어 있는 게 아닌가 생각이 든다.

가끔 고향을 떠나는 아브라함의 심정이 어떨까 상상해 본다. 그가 살았던 갈대아 우르는 당대 가장 발달한 문명을 갖춘 도시였다. 문화가 발달하고, 살기에 편리한 시설이 충분히 갖추어져 있던 도시였다. 미국에 와서 미국에 정주하고 사는 사람은 일반적으로 미국에 대한 자부심이 크다는 것을 발견할 수 있었다. 넓은 정원이 있는 주택과 안락한 자가용과 값싸게 제공하는 커다란 마켓과 편의시설, 휴양시설 등을 보면서 그럴 만하다는 생각을 하였다.

그러나 제국의 도시에서 사는 삶이 과연 행복할까? 끝없는 경쟁과 성과 지상주의는 사람을 줄 세우기 하고, 눈에 보이는 것으로 모든 것을 평가하는 사회의 삶은 행복할까? 어떻게 하든지 이겨야 하기에 서로 갈등하고, 파당을 만들고, 싸우는 모습이 과연 행복할까?

미국의 경제학자이자 평화주의자였던 스콧 니어링(Scott Nearing, 1883~1983)은 깨달았다. '산업 자본주의로 물든 사회는 결국 인간의 삶을 공허하게 만들 뿐이다.' 그는 새로운 삶을 찾고자 버몬트 주의 한적한 시골 마을로 들어갔다.

그는 단순하고 조화로운 삶을 살기로 하고 세 가지 목표를 세웠다. 첫째, 자본주의에서 독립된 경제를 이루는 것, 둘째, 자신의 건강을 지키며 사는 것, 셋째, 사회를 생각하며 바르게 사는 것이었다.

그는 먹고사는 데 필요한 것 중, 절반쯤은 자급자족하기 위하여 농사를 지었다. 산골짜기 쓸모없는 땅을 개간하여 기름진 밭으로 가꾸어 채소와 과일과 꽃을 키웠다. 화학비료를 전혀 쓰지 않고 농사를 지었고, 더 많은 생산과 이익을 위하여 농사짓지 않았다. 그가 연구하고 공부하며 농사를 지었더니, 먹고살기 위해서는 6개월 동안 농사지으면 충분하다는 결론을 내렸다.

그의 삶은 검소하였다. 6개월은 농삿일을 하였고, 6개월은 연구, 여행, 글쓰기, 대화, 가르치기 등으로 시간을 보냈다. 직접 지은 집은 늘 열려 있어서 많은 사람이 찾았으며, 그를 찾아온 사람들과 함께 음식을 나누었다. 은행에 빚을 지지 않았으며, 20년 동안 병원에 가거나 의사를 만난 적도 없었다.

그는 말했다. "삶을 넉넉하게 만드는 것은 소유와 축적이 아니라 희망과 노력이다." 스콧 니어링이 현대 미국 물질문명에 환멸을 느껴 버몬트 산골로 들어갔던 것처럼 혹시나 아브라함도 갈대아 우르의 물질문명에 환멸을 느낀 것은 아닐까?

아브라함이 그런 마음을 가졌든 가지지 않았든 하나님께서 의도하신 것은 나그네 삶이었다. 하나님께서는 나그네 삶이 복이라고 선언하셨다 (창 12:1-3).

하나님께서 창조하면서 인간에게 주신 명령은 "땅에 충만하여라(땅에 널리 퍼져라)"였다. 아담과 하와의 후손은 모두 흩어져 살았다. 노아의 후손도 마찬가지였고, 아브라함의 후손도 동일하게 흩어졌다. 흩어지되 그냥 흩어져 떠돌며 방황하는 삶을 사는 것이 아니다.

프랑스의 철학자 들뢰즈는 '노마디즘(nomadism)'이라는 말을 사용하였다. 노마디즘을 굳이 번역하자면 '유목주의'라 할 수 있다. 한 곳에 붙박여 사는 정착민이 아니라 여러 곳을 이동하며 사는 방식을 말한다. 들뢰즈는 노마디즘을 단지 이동하며 사는 삶에서 확장하여 사막이나 초원처럼 불모지를 개척하여 새로운 생명의 땅으로 바꾸는 것이라고 하였다.

정착민이 사는 방식은 어떻게 해서든 자기 땅을 확장하려고 경쟁하며 싸우는 삶이라면, 유목민의 방식은 고정관념과 위계질서로부터 해방되어 기존의 세속적 가치와 삶의 방식을 부정하고, 새로운 것을 창조하는 삶(nomadism)이다.

그들은 불모의 땅도 마다치 않는다. 오히려 그런 땅을 더 선호하는지도 모른다. 사람들이 외면하는 광야와 같은 땅을 바꾸어, 모두가 함께 더불어 살아갈 만한 땅으로 창조하는 사람들이 노마드(nomad)이다.

노마드는 끊임없이 움직이고, 소수가 되는 것을 두려워하지 않고, 불모의 땅을 무서워하지 않으며, 열린 마음과 생각을 가지고 나아간다. 노마드는 중심이 되려 하지 않는다. 노마드는 체계화와 동질화를 거부한다. 노마드는 새로운 사회를 열어가기 위하여 창조적으로 움직인다.

들뢰즈가 하나님의 뜻을 파악하여 노마드를 말한 것 같지는 않다. 그러나 그가 노마드 사상을 이야기할 때 나는 자꾸만 성경의 인물들이 떠올랐다. 기존의 사회질서, 세상이 추구하는 가치관을 거부하고 하나님이 세우고자 하는 하나님 나라 공동체를 이루기 위하여 기꺼이 모험 여행을 떠나는 성경의 인물들이 생각났다.

아브라함이 고향을 떠나 나그네 삶을 살았던 것처럼 그의 후손인 이삭, 야곱, 요셉도 노마드로 살았다. 애굽의 노예로 핍박받는 이스라엘 역시 나그네로 살았다. 그들이 세울 나라도 그냥 세상 제국과 같은 나라가 아닌, 함께 더불어 행복하게 살아가는 새로운 하나님 나라였다.

하나님은 끊임없이 도전하였다. 너희는 이 세상 나라 사람이 아니다. 너희의 시민권은 하늘에 있다. 그 하나님 나라를 이 땅에 세움으로써 하나님의 영광을 드러내라. 느헤미야, 에스더, 다니엘, 예수 그리스도, 바울, 베드로, 초대교회 모두가 노마드의 삶을 살았다.

오늘날 우리는 다인종, 다문화, 다언어 환경에 살고 있다. 프랑스의 경제학자이며 사상가인 자크 아탈리(Jacques Attali, 1943~)는 21세기의 새로운 패러다임을 노마드에서 찾았다. 그는 인류 문명의 역사를 주도한 것은 노마드가 발명한 불, 언어, 예술, 그림, 바퀴, 글씨 등이었다고 하면서 정착민이 만든 것은 국가, 감옥, 군대, 세금뿐이었다고 하였다. 현재 세계 인구의 1/6이 노마드로 이동하며 사는데, 그저 생존을 위해서만 움직이지 말고, 기존의 가치와 삶의 방식을 넘어 새것을 창조하는 삶을 살라고 충고한다.

나는 세속의 학자들인 니어링이나, 들뢰즈나, 아탈리의 충고에서 하나님의 일반 은총적 지혜를 발견한다. 하나님께서 원하시는 삶은 정착민으로 공간을 확장하는 데 자기 생을 바칠 것이 아니라, 어떤 공간이든지 그곳을 재창조하여 함께 더불어 살며 사랑을 나누고, 시간을 나누고, 마음을 나누고, 신앙을 나누는 것이다. 그런 면에서 진정한 노마드는 그리스도인이다.

저자 배경락 목사

PART
01

흙으심의 역사

하나님의 문화 명령

인류의 역사는 흩어짐의 역사이다. 하나님께서는 아담과 하와를 지으시고 그들에게 명령하셨다. "땅에 충만하라"(창 1:28). 이 말씀은 인간에게 주신 하나님의 문화 명령 중 하나이다. 흔히 이 말씀을 생육과 번성으로만 해석하는 경향이 있다. 그러나 나는 조금 다르게 보고 싶다.

창세기 41장 52절을 보면 요셉이 둘째 아들을 낳고 "에브라임"이라 하였고, "하나님이 나를 내가 수고한 땅에서 번성하게 하셨다"라고 했다. 겨우 아들 둘을 낳고서 번성하였다 함은 어딘가 상황이 맞지 않는다.

고대 사회에서 많은 자녀는 아비의 자랑이고 기쁨이었다. 시편 저자는 노래하기를 "젊은 자의 자식은 장사의 수중의 화살 같으니 이것이 그의 화살통에 가득한 자는 복되도다. 그들이 성문에서 그들의 원수와 담판할 때에 수치를 당하지 아니하리로다"(시 127:4-5)라고 하였다.

화살통에 화살이 몇 개나 들어갈까? 고대 화살통은 관처럼 생긴 가죽 통으로서 대략 20~30개의 화살을 담았다. 그러니까 화살통에 가득한 화살은 최소 20개 이상이다. 구약 시대, 복받은 사람은 야곱처럼 12명의 아들이 있거나 기드온처럼 70명의 아들이 있는 사람이다. 그런데 요셉은 지금 달랑 2명의 자녀를 낳고서 "번성하였다"라고 노래한다. 이건 번성이 아니라 수치이다.

그렇다면 요셉이 말하는 번성은 어떤 의미일까? 그것은 자녀를 낳은 기쁨을 넘어, 그가 말도 통하지 않는 외국 땅에서 그의 영향력이 땅끝까지 미치게 되었음을 뜻하는 것으로 해석할 수 있다.

하나님께서 아브라함에게 약속하실 때, "내가 너를 여러 민족의 아버지가 되게 하고 내가 너로 심히 번성하게 하겠다"라고 하셨다(창 17:5,6). 일반적으로 이 말씀을 민족의 번성, 숫자적 번성으로 해석한다. 그러나 아브라함의 자녀는 이삭 하나뿐이었고, 이스라엘 민족은 결코 번성하지 못하였다.

그래서 성경학자들은 아브라함이 모든 믿는 자의 아버지이므로 모든 믿는 사람을 내다보고 하나님께서 말씀하신 것으로 이해한다. 그러나 요셉의 경우와 마찬가지로 하나님께서 아브라함에게 번성을 이야기하실 때, 단순히 숫자적 번성만 뜻하진 않았다. 그것은 영적 영향력의 확장이요, 나아가 하나님께서 계획하신 구원 역사의 성취이다.

따라서 창세기의 문화 명령(창 1:28)은 인간의 생식과 번성만을 뜻하는 말씀이 아니다. 그것은 하나님의 자녀가 세상에 퍼져 나가 영적 영향력을 발휘하고, 하나님의 구원 역사를 이루라는 뜻이다. 하나님의 문화 명령은 인간의 흩어짐을 통해서 이루어진다. 흩어지지 않고서 땅에 충만할 수가 없다. 그러므로 흩으심은 징벌로도 볼 수 있지만, 구속의 역사를 이루시기 위한 축복으로도 볼 수 있다.

아담과 하와가 죄를 지었을 때, 하나님께서는 그들을 에덴에서 추방하셨다. "여호와 하나님이 에덴동산에서 그를 내보내어 그의 근원이 된 땅을 갈게 하시니라"(창 3:23). 이 말씀은 징벌이지만, 동시에 문화 명령을 이루라는 뜻을 담은 흩으심이다. 이것은 심판이며 동시에 구원이다.

하나님의 섭리는 언제나 이처럼 양면적이다. 십자가의 구원도 믿는 자에게는 놀라운 은혜요 축복이지만, 믿지 않는 자에게는 심판이다. 하나님의 구원과 심판도 이처럼 양면성을 띠고 있으므로 우리의 선택은 매우 중요하다.

가인이 동생 아벨을 죽인 후 하나님은 그를 땅에서 유리방황하는 자가 되게 하셨다. "너는 땅에서 피하며 유리하는 자가 되리라"(창 4:12). 명백히 하나님의 심판이요 징벌이다. 가인은 하나님께 호소한다. "내가 벌을 받아 땅에서 피하며 유리하는 자가 될 터인데 사람들이 나를 죽일까 두렵다"라고 하였다(창 4:14). 그때 하나님께서는 가인에게 은혜를 베풀어 그의 생명을 보전하여 주었다. 흩으심에 임한 은혜이다.

가인의 후손은 땅에 흩어져 문화와 문명을 창조하였다. 야발은 가축을 치는 자의 조상이 되고, 유발은 음악가가 되어 퉁소 전문가가 되었고, 두발가인은 구리와 쇠로 여러 가지 기구를 만드는 자가 되었다. 가인의 후손이 만든 문화는 훌륭하다. 다만 그것이 하나님께 영광을 돌리는 데 사용하느냐 아니면 인간의 이기적 목적을 이루는 데 사용하느냐에 따라 달라진다. 그들은 땅에 번성하고 충만하였지만, 하나님의 영광은 생각하지 않았다.

노아의 후손 역시 땅에 흩어져 살았다. "이들로부터 여러 나라 백성으로 나뉘어서 각기 언어와 종족과 나라대로 바닷가의 땅에 머물렀더라"(창 10:5). 하나님의 계획은 인류가 흩어져 하나님의 문화 명령을 이루는 것이다. 단순히 인류 문명을 확산하는 것이 아니라 하나님의 영광을 드러내고, 하나님의 구원 계획을 성취하는 문명을 만들어야 한다.

하나님의 계획에 정면 도전한 가장 큰 사건은 바벨탑 사건이다. 구스의 아들 니므롯은 세상에 첫 용사였다. 그는 제국을 건설하였다. 그들은 시날 땅에 모여 바벨탑을 쌓았다. 탑을 쌓기 위해서는 협력과 협동이 필요하다. 협력과 협동이 항상 좋은 것만은 아니다. 인간이 협력하여 죄를 범하는 경우도 종종 있다.

히틀러가 유대인을 학살하려면, 독일 국민의 협력과 협동이 필요하였다. 십자군 전쟁을 일으켜 사람을 죽이려면, 역시 사람들이 뜻을 하나로 모아야 가능하다. 바벨탑을 쌓는 일도 협력과 협동이 필수적이다. 그러나 그 일의 목적은 하나님께 영광이 아니요, 어떤 특정 인간을 위해서, 혹은 제국의 통일이나 결집을 위함이었다. 진시황이 만리장성을 쌓으면서 얼마나 많은 사람의 피와 눈물과 희생이 있었는지 모른다. 이집트의 피라미드도 그렇고 바벨탑도 그렇다. 고대 인류가 쌓은 거대 건축물 뒤에는 이런 슬픈 사연이 숨어 있다.

인류가 하나로 뭉쳐서 제국을 만들고 거대한 건축물을 건설하는 것은 자원해서라기보다 전제군주의 무력에 의해 어쩔 수 없이 하는 경우가 대부분이다. 그것은 백성의 희생과 눈물과 피와 땀으로 쌓은 것이지, 결코 백성의 행복을 위하여 쌓은 것이 아니다. 그러므로 바벨탑은 무너져야 했다.

하나님께서는 그들의 언어를 혼잡하게 하여 다시 흩어버리셨다(창 11:7,8). 혹자는 언어를 혼잡하게 하고 흩으심이 하나님의 심판으로 해석한다. 그러나 하나님께서 이미 노아 후손의 언어를 나누고 흩으셨음을 기억한다면(창 10:5, 20, 31-32), 심판으로만 해석하는 것은 무리다.

그것은 하나님께서 원래 인간을 축복하실 때부터 땅에 흩어져 충만하라는 축복의 명령을 강제 집행하신 것으로 보아야 한다. 함께 모여서 인간의 욕심과 자랑과 교만을 드러내려 한다면, 그것은 하나님께서 기뻐하실 일은 아니다. 오히려 흩어져서 건전하고 바른 영향력을 땅에 충만하게 하고, 하나님께서 계획하신 아름다운 하나님 나라 공동체를 이루는 것이 하나님께서 기뻐하실 일이다. 그것은 하나님의 구원 계획을 이루는 일이다.

하나님께서 계획하신 인류의 역사는 흩어짐의 역사다. 하나님께서는 창세기에서 이미 땅끝까지 흩어지는 나그네(증인)의 사명을 생각하셨다. 따라서 하나님의 흩으심 원리를 잘 이해한다면, 성경이 훨씬 쉽게 읽히고, 우리 인생을 해석하는 데 큰 도움이 된다.

하나님의 계획은 인류가 흩어져
하나님의 문화 명령을 이루는 것이다.
단순히 인류 문명을 확산하는 것이
아니라 하나님의 영광을 드러내고,
하나님의 구원 계획을 성취하는
문명을 만들어야 한다.

떠남, 흩어짐, 낮아짐

아담과 하와의 범죄는 인류를 향한, 아니 세상을 향한 하나님의 계획을 망쳐버렸다. 하나님은 몇 가지 선택 사항이 있었다.

첫째, 죄로 말미암아 더러워진 세상과 인류를 멸하시고 새로운 세상과 새로운 인류를 만드시는 것이다. 둘째, 하나님께서 마음에 드는 사람만 선택하여 구원하시고, 즉시 이 죄 많은 세상을 떠나 거룩하고 영광스러운 하늘나라로 이끄시는 것이다. 마지막 선택은 하나님 계획을 망쳐버리고, 세상을 망가뜨린 그 죄인을 구원하여, 그들의 손으로 세상을 구원하는 막중한 임무를 맡기는 것이다. 아마도 마지막 선택이 가장 어려울 것이다. 인간은 이미 죄로 물들어 이기적이고, 파괴적이고, 폭력적이고, 하나님의 계획은 건건이 반대할 것이기 때문이다.

사람마다 비웃을 것이다. '하나님 나라를 이 땅에 이룬다는 계획은 불가능하다. 에덴동산에서 실패한 계획을 죄악으로 가득한 세상에서 이룬다는 것은 있을 수 없다. 평화는 고사하고 아귀다툼으로 가득할 것이다.'

성경은 인류와 세상과 사단을 향한 하나님의 커다란 도전장이다. 반드시 사람을 구원하여 그들을 하나님의 사자로 만들고, 그들을 통하여 하나님의 정의와 공의를 바로 세우고, 마침내 하나님 나라를 이루실 것이라는 하나님의 도전장이다. 성경은 불가능해 보이는 하나님의 도전을 하나하나 이루어 가는 거대한 역사책이다.

하나님께서 세상을 창조하시고 사람에게 말씀하셨다. "땅에 충만하라." 하나님의 사랑과 은혜와 자비가 온 땅에 퍼져서 하나님의 정의로운 나라를 만들라는 명령이다. 첫 사람 아담은 하나님의 계획과는 반대로 낮아지기보다 높아지려 하였고, 섬기기보다 정복하려 하였고, 세우기보다 파괴하려 하였다.

결국 그들은 에덴에서 쫓겨났다. 그 후 인간과 하나님의 거대한 전쟁이 시작되었다. 인간은 언제나 높아지려 하고, 힘을 가지려 하였다. 그 뒤에 낮은 자리에서 고통받는 사람이 있고, 눈물 흘리는 약자들이 있지만, 세상은 개의치 않았다.

하나님은 그러한 인간을 흩으시고 또 흩으셨다. 첫 사람 아담을 에덴에서 쫓아냈듯이, 그의 아들 가인도 세상에서 유리방황하는 자가 되었으며, 심지어 하나님의 은혜를 입은 노아의 후손마저 언어를 나누고 흩으셨다. 그때까지 사람들은 하나님의 흩으심이 뜻하는 바가 무엇인지 알지 못하였다. 그저 심판이나 저주라고 생각하였다.

바벨탑을 쌓던 사람들의 언어를 나누어 흩으신 사건은 하나님의 흩으심을 가장 분명하게 보여준다. 바벨탑에서 흩으심도 심판이나 저주만 의미하는 것은 아니다. 그것은 하나님께서 인류를 향한 거대한 계획이었다. 마침내 하나님께서 사람을 흩으시는 의도가 창세기 12장에서 분명하게 밝혀진다. 하나님께서 아브라함에게 고향과 친척과 아비 집을 떠나라고 하면서 하나님은 말씀하셨다.

"땅의 모든 족속이 너로 말미암아 복을 얻을 것이라"(창 12:3).

하나님의 흩으심은 모든 족속에게 복을 주기 위함이다. 창세기 12장은 흩으심을 통하여 하나님의 거대한 구원 계획을 선포하시는 팡파르이다. 많은 사람은 창세기 12장의 2절과 3절에 있는 복에 강조점을 둔다. 사람 중에 복을 좋아하지 않을 사람이 어디 있겠는가?

그러나 하나님의 복에 전제 조건이 있다. 그 복은 떠남에서, 흩어짐에서, 낮아짐에서, 죽음에서 이루어진다. 지금도 고향과 친척과 아비 집을 떠나는 것은 쉬운 일이 아니다.

아브라함은 75년 동안 고향 땅에서 안정된 생활을 누렸다. 그의 아버지가 우상 장사를 했다는 사실을 미루어 볼 때, 그의 삶은 부유하고 풍족하였다. 그는 기득권자였고, 세상의 풍요를 누리던 사람이었다. 그런 그가 모든 것을 버려두고 고향을 떠나 이방으로 간다는 것은 곧 죽음이다. 그건 단순한 이민이나 이주가 아니다. 그것은 예수 그리스도께서 하늘 영광을 버리고 이 땅에 죄인의 모습으로 오는 것과 흡사하다.

아브라함은 자신의 정체성을 나그네로 규정한 첫 번째 성경 인물이다. "I am an alien and a stranger among you."(창 23:4) 그는 가나안 땅에서 낯선 이요, 이방인이었다.

창세기 14장 13절에서 아브라함을 소개할 때 "히브리 사람"이라고 하였다. '히브리 사람'이란 말이 성경에서 처음 나왔다. 히브리란 뜻은 '강을 건너온 사람'이란 뜻으로 옮겨온 사람이요, 이방인이요, 낯선 이요, 나그네란 뜻이다.

성경은 아브라함의 정체성을 나그네로 규정하였고, 아브라함 역시 자신을 나그네라고 하였다. 아브라함의 이러한 사고방식은 그의 자손 이삭과 야곱과 요셉에게 그대로 이어진다.

하나님께서 그들에게 가나안 땅을 주겠다고 약속하였지만, 그곳은 한 번도 그들의 땅이었던 적이 없었다. 모세가 이스라엘 백성을 애굽에서 건져내고 여호수아가 그들을 가나안 땅으로 인도하였지만, 그 땅은 결코 이스라엘의 땅이 아니다. 그 땅은 하나님의 땅이다. 그들은 잠시 맡아 경작하는 청지기요, 나그네일 뿐이다.

나그네는 안정성, 확실성, 예측 가능성의 공간을 포기한 사람이다. 그는 세상의 모든 것을 포기한 사람이고, 세상에서 가장 낮고 천한 자리에 기꺼이 내려가는 사람이다. 혹자는 아브라함에게 318명의 종이 있었고, 양 떼가 있기에 부자라고 생각할지 모른다. 사람들은 그렇게 생각할지라도 아브라함은 자신을 부자라고 생각한 적이 한 번도 없었다. 물질의 부자일지 모르지만, 그에게는 후사가 없었다. 자신의 재산과 행복과 기쁨과 은혜와 사랑을 나눌 사람이 없는 아브라함은 가난한 자였다.

흔히 구약을 읽으면서 공동체적 관점을 잃어버릴 때가 많다. 현대는 개인주의 사회여서 나 하나만 예수 잘 믿고 잘 먹고 잘 살면 그만이란 생각을 한다. 그런 관점으로 보면, 아브라함은 행복한 자이다. 그러나 아브라함이 살던 시대는 개인보다는 공동체를 중요하게 생각하였다. 혼자 이 땅에서 잘 먹고 잘 살다 가면 그만이라는 허무하기 짝이 없는 생각이었다.

아브라함이 하나님께 부름받은 이유는 모든 민족에게 복을 나누기 위함이다. 그것은 한 사람 아브라함이 받은 사명이 아니라 아브라함이 만들어야 할 공동체, 곧 하나님의 백성이 감당해야 할 사명이다.

그러므로 아브라함은 사람을 소중하게 생각했다. 그들은 모두 하나님의 공동체를 이룰 사람이 될 수 있기 때문이다. 그는 지나가는 나그네를 극진히 대접하였다. 천사였기 때문이 아니다. 자신이 나그네로 살기에, 목숨을 걸고 여행하는 나그네를 귀히 여겼다. 아브라함은 나그네 앞에 엎드렸고 그의 발을 씻겨주며 정성껏 대접하였다. 누가 주인이고 누가 나그네인지 모를 정도이다. 아브라함은 지나가는 모든 나그네(사람) 모습에서 하나님을 발견하였다.

그러나 소돔과 고모라의 백성은 낯선 이를 성폭행하려고 하였다. 롯이 삼촌 아브라함의 정신을 따라 나그네를 선대할 때 소돔 사람은 나그네를 내놓으라고 아우성쳤다. 그건 단순히 동성연애를 하겠다는 뜻을 넘어서 강제로 힘과 권력을 사용하여 폭행하겠다는 뜻이다.

그들에게 나그네는 억압의 대상이고, 조롱의 대상이고, 업신여길 대상이다. 그게 남자든 여자든, 배운 자이든 못 배운 자이든 상관없었다. 낯선 이나 나그네는 언제나 무시와 멸시의 대상이고, 폭력의 대상이다. 그것이 바로 바벨탑에서 세우려던 나라의 모습이다. 힘과 권력과 돈이 모든 것을 지배하고 억압하는 세상이다. 약자를 탈취하고, 때리고 심지어 죽여도 상관치 않는 나라이다. 애굽의 아비멜렉이 사라의 미모를 보고 빼앗아 가는 것이 바로 인간 나라의 전형적인 모습이다.

하나님께서 세우시는 나라는 힘이 지배하는 나라가 아니다. 오히려 사랑하고 아끼고 품어주는 나라이다. 나그네, 낯선 이, 이방인, 뜨내기, 심지어 죄인이라 할지라도 그를 정죄하거나 판단하지 않고, 오히려 그를 이해하고 사랑하여 구원하는 나라이다.

하나님 나라를 세우는 사람은 약자의 아픔과 설움을 몸소 경험한 나그네들이다. 스스로 낮아지고, 스스로 죽는 자리까지 내려가 섬기는 사람들이다. 그것이 인류를 구원하기 위하여 모범을 보여주시는 주님의 모습이다. 구원은 십자가를 통해서만 가능하다.

세상 모든 사람이 말도 안 되는 방법이라 비웃는다. 심지어 그리스도인마저 그리스도의 구원을 비웃고 멸시할 때가 있다. 그리스도인 중에 십자가가 아니라, 세상의 힘과 권세와 명예를 삶의 목적으로 삼는 자들이 있다. 최고가 되기 위해 발버둥치는 자들이 있다. 높아지려고 안간힘을 쓰는 사람이 있다. 그렇게 가르치는 교회, 목회자가 있다. 참으로 가슴 아프다.

하나님께서는 지금도 사람을 흩으시고 낮추신다. 나그네 삶을 살므로 복의 근원되게 했던 그 원리로 하나님의 은혜를 실천하고, 억눌린 자를 환대하므로 하나님 나라를 이루는 사람이 필요하다.

하나님의 정의는 칼과 창으로 세우는 것이 아니고 사랑으로 세우는 것이며, 독설과 비판으로 세우는 것이 아니라 포용과 은혜로 세우는 것이다. 모든 사람이 할 수 없다고 할 때 하나님께서는 능히 모든 것을 이루신다. 나는 믿는다. 하나님의 방법과, 하나님의 계획은 반드시 이루어진다.

참고도서 _____

1. 크리스토퍼 라이트, 『현대를 위한 구약 윤리』 정옥배 옮김 (IVP: 서울) 1995년
2. 마이클 고힌, 『열방에 빛을』 박성업 옮김 (복있는 사람: 서울) 2016년
3. 스탠리 하우어워스, 윌리엄 윌리몬, '하나님의 나그네 된 백성』 김기철 옮김 (복있는 사람: 서울) 2014년
4. 강남순, 『정의를 위하여』(동녘: 서울) 2016년
5. 김근주, 『복음의 공공성』(비아토르: 파주) 2017년
6. 안병무, 『그래도 다시 낙원으로 환원시키지 않았다』(한국신학연구소: 서울) 1995년

나그네 신앙의 모범, 요셉

하나님은 아브라함에게 모든 기득권을 내려놓고 나그네로서 다른 나그네를 돌아보며, 모든 민족에게 복을 나누는 사람이 되라고 하셨다. 이 사명은 개인에게 준 사명이면서 동시에 그를 통하여 이루어 갈 공동체의 사명이다. 후일 하나님께서는 이스라엘 공동체에 명하기를 너희가 애굽의 종이었던 사실을 기억하고 나그네를 대접하라 하였다. 힘이 있다고, 나라가 생겼다고 약한 자를 무시하고 억압하고 멸시하는 공동체가 되지 말라는 뜻이다. 그것은 하나님께서 원하시는 나라가 아니다.

창세기는 아브라함이 받은 사명을 따라 나그네 인생을 살아가는 족장 이야기이다. 이삭도 가나안 족속이 우물을 메우고 쫓아내면, 이리저리 쫓겨나야 하는 나그네 삶을 살았다. 야곱도 "내 나그네 길"(창 47:9)이라고 고백하며 험악한 삶을 살았다고 하였다. 나그네 인생길이 얼마나 힘들고 고달픈지 짐작할 수 있다. 이것은 영적 순례자의 길이면서 동시에 실존적으로 나그네 삶을 사는 것이다.

나그네로서 가장 험악한 삶을 살았던 사람은 요셉이다. 고대에 나그네로 전락하는 경우는 보통 전쟁 포로가 되거나, 가난이나 다른 연유로 노예가 된다. 요셉은 자기 형제들의 손에 의해 인신매매당한 노예였다. 그는 삶을 송두리째 뽑혀 전혀 다른 문화와 언어와 풍습에 던져졌다. 아버지의 사랑을 받던 아들이 듣도 보도 못한 세상의 가장 밑바닥에 떨어졌다. 그는 완전한 주변인이 되었으며, 가장 천한 나그네로서 평생 종노릇하여야 했다.

나그네로서 요셉은 가장 먼저 이집트의 언어와 풍습과 문화를 배워야 했다. 요셉의 언어 능력이 얼마나 탁월했는지 모르지만, 미국의 경우 미국인들은 한국인이 말하는 영어를 들으면, 그가 언제 이민왔는지 금방 알아차린다. 요셉이 아무리 이집트어를 잘 사용한다고 할지라도 그는 영원한 이방인이요, 타자요, 나그네이다. 요셉은 언어뿐만 아니라 신분상으로도 노예였다. 그가 타국에서 아무리 몸부림쳐 적응하려고 애를 써도 도저히 뛰어넘을 수 없는 커다란 장벽이 있었다.

비록 그가 보디발의 눈에 들어 가정 총무가 되었지만, 그는 여전히 낯선 나그네였다. 보디발의 아내는 그를 하나의 성적 노리개로 여겼다. 그녀는 날마다 눈짓을 하며 동침을 요구하였다. 나중에 그녀의 뜻이 통하지 않자 오히려 요셉을 모함하였다. 그때 그녀는 말하였다. "보라 주인이 히브리 사람을 우리에게 데려다가 우리를 희롱하게 하는도다."(창 39:14) 그녀는 요셉을 가정 총무라 부르지 않고 '히브리 사람'이라 불렀다. 히브리 사람이란 뜻은 앞서도 살펴보았지만 '강 건너온 낯선 이'란 뜻이다.

요셉이 아무리 충성스럽고 능력이 뛰어나지만, 그녀가 보기에 요셉은 이방인이었다. 보디발 역시 자기 아내의 허위 고발을 짐작할 만하지만, 요셉의 의견은 전혀 듣지 않았다. 보디발 역시 요셉을 편들어 주어야 할 이유가 전혀 없었다. 나중에 술 맡은 관원도 감옥에서 풀려난 후 요셉의 일을 까마득히 잊어버렸다. 그리고 후일 그가 왕 앞에 나아가 요셉을 소개할 때 역시 "히브리 청년"(창 41:12)이라고 하였다. 누가 보더라도 요셉은 타자요, 이방인이요, 낯선 이요, 주변인이요, 나그네였다.

요셉은 타국에서 살아가는 나그네의 설움과 억울함을 뼈저리게 느꼈다. 애굽에 적응하려고 언어를 배우고 문화를 배우며 성실과 충성을 다하였지만, 아무 소용이 없었다. 애굽은 요셉의 고향도 아니고 조국도 아니다. 요셉은 자신이 나그네요, 그 사회의 가장 약한 자임을 철저히 느끼지 않을 수 없었다.

다행스러운 것은 요셉이 애굽에 무조건 적응하려고 애쓰지 않았다는 사실이다. 그는 자기 정체성을 지켰다. 그가 하나님 신앙을 어떻게 지켰는지 성경에 구체적으로 기록하지 않았지만, 보디발의 반응을 통하여 짐작할 수 있다. "그의 주인(보디발)이 여호와께서 그와 함께하심을 보며 또 여호와께서 그의 범사에 형통하게 하심을 보았더라"(창 39:3).

보디발은 요셉의 말과 행동과 삶을 보면서, 여호와 하나님께서 그와 함께하심을 보았다. 요셉은 아브라함으로부터 전수받은 문화적 정체성, 신앙적 정체성을 유지하려고 애썼음이 분명하다. 요셉은 바로 앞에서도 자신의 정체성을 강조하기 위하여 같은 말을 반복하였다.

"하나님께서 바로에게 편안한 대답을 하시리이다"(창 41:16), "하나님이 그가 하실 일을 바로에게 보이심이니이다"(창 41:25), "하나님이 그가 하실 일을 바로에게 보이신다 함이 이것이라"(창 41:28), "하나님이 이 일을 정하셨음이라 하나님이 속히 행하시리니"(창 41:32).

그는 애굽에 살면서 애굽의 문화를 배우려고 힘썼지만, 동시에 자신은 하나님의 사람이라는 사실을 분명히 하였다. 사람이 자신을 멸시하고 외면했지만, 요셉은 그 때문에 실망하지 않았다. 그는 하나님의 사람이었기 때문에 하나님만 바라보았다.

그는 후일 애굽 이름을 얻게 되고, 애굽 제사장의 딸을 부인으로 얻었지만, 그것은 겉모습일 뿐 실제 그의 마음속에 하나님 신앙은 잃어버리지 않았다. 그는 아들을 낳자 하나님께서 모든 고난과 아버지의 온 집안 일을 잊어버리게 하셨다는 뜻으로 므낫세라 하였다. 둘째 아들을 낳자 하나님께서 나를 내가 수고한 땅에서 번성하게 하셨다는 의미로 에브라임이라 하였다. 그는 비록 아들이 둘뿐이지만, 하나님께서 인류를 흩으시며 땅에 충만하여 하나님의 뜻을 드러내고 하나님께 영광 돌리는 나그네 신앙을 가졌다.

요셉은 세 차례에 걸쳐 하나님께서 구원을 위해 자기를 애굽에 파송하였음을 말한다. 월터 부르그만은 이것을 요셉이 하나님께 받은 위임명령이라고 해석하였다.

"하나님이 생명을 구원하시려고 나를 당신들보다 먼저 보내셨나이다"(창 45:5), "하나님이 큰 구원으로 당신들의 생명을 보존하고 당신들의 후손을 세상에 두시려고 나를 당신들보다 먼저 보내셨나니"(창 45:7), "나를 이리로 보낸 이는 당신들이 아니요 하나님이시라 하나님이 나를 바로에게 아버지로 삼으시고 그 온 집의 주로 삼으시며 애굽 온 땅의 통치자로 삼으셨나이다"(창 45:8).

이것은 요셉 이야기 전체의 핵심이다. 요셉은 하나님께서 자신을 의도적으로 애굽에 보내셨음을 깨달았다. 요셉이 애굽에 노예로 팔려온 것은 비극이지만, 동시에 그것은 하나님께서 요셉에게 주신 사명이었다.

그는 최악의 상황에서 나그네가 되었지만, 실망하거나 좌절하지 않았다. 오히려 나그네 됨을 통하여 하나님께서 주신 사명을 깨닫고 실천하였다. 그는 고향을 떠나 흩어져 살아야 하는 나그네다. 기죽고 숨죽이며 살아야 하는 나그네가 아니라 오히려 그 자리에서 영향력을 발휘하고, 하나님의 구원을 이루므로 하나님께 영광 돌려야 하는 나그네다.

창세기만 놓고 본다면, 하나님께서 아브라함에게 주신 나그네의 사명은 요셉을 통하여 실현됐다고 할 수 있다. 그는 약한 자를 돌아보며, 자기에게 죽을죄를 지은 형제를 하나님의 사랑으로 용서하고 구원하여 하나님께 영광 돌리는 나그네였다. 그러므로 요셉의 삶은 나그네의 훌륭한 모델이다.

참고도서

1. 월터 브루그만, 『현대주석 창세기』(한국장로교출판사: 서울) 2000년
2. 김수정 외, 『고엘, 교회에 말 걸다』(홍성사: 서울) 2017년
3. 민종기, 『한국정치신학과 정치윤리』(키아츠: 서울) 2012년
4. 문용식, 「탈식민주의로 요셉 서사 읽기」(기독교와 어문학 2권 1호) 한국기독교어문학회, 2005년

"나를 이리로 보낸 이는 당신들이 아니요 하나님이시라

하나님이 나를 바로에게 아버지로 삼으시고 그 온 집의 주로 삼으시며

애굽 온 땅의 통치자로 삼으셨나이다."

_창세기 45:8

하나님 나라의 동력, 광야 생활

    유인원에서 시작하여 사이보그까지 인류 전체를 한눈으로 바라보며 새롭게 역사를 해석하는 이스라엘의 역사학자 유발 하라리(Yuval N. Harari)가 있다. 그는 인류 전체 역사를 조망하며『사피엔스』를 썼다.

    그의 주장에 따르면, 인류(호모 사피엔스)는 별로 중요하지 않은 동물이었지만, 거짓말 하는 능력으로 문화와 문명을 이루었다고 하였다. 사람을 통합하는 강력한 힘은 사람들을 미혹하는 거짓말에서 출발하였다. 수렵 채집하던 석기시대 인류가 농업 혁명을 통하여 행복과 평안을 준다고 하였지만, 그건 인류 역사상 최대 사기였다고 유발 하라리는 단언한다.

    농업혁명은 사람들에게 식량을 비축함으로 현재와 미래에 대한 안전과 편안함을 약속하였지만, 실상 대다수 농민의 삶은 가혹하였다. 그들은 불안정한 기후 조건 속에서 온종일 땀 흘려 일해야 했고, 무엇보다 생산물을 자신이 온전히 가지지 못하고 지배 계층에게 빼앗겼으며, 약간의 식량으로 겨우 목숨만 연명하였다. 그들은 지배층이 만든 거짓 이데올로기(조금만 더 열심히 일하면 성공할 수 있고, 행복할 수 있다는 거짓말)에 속아 일생 소작농으로 뼈빠지게 일해야 했다.

결국 농업혁명은 소수 권력자들만 배를 불리는 문화로 전락하였고, 대다수 농민은 불평과 불만 속에서 근근이 살아가게 만들었다. 그 후에도 역사의 승자인 지배계층은 백성을 속이기 위하여 끊임없이 거짓 이데올로기를 만들었다.

하나님의 백성 이스라엘은 이집트에서 노예 생활 하던 현장을 출발점으로 삼는다. 이스라엘이 처음부터 노예는 아니었다. 그들은 전쟁포로도 아니었고, 노예로 팔린 것도 아니었다. 처음에 이스라엘은 이집트의 손님이었다. 그러나 정치적 보호막이 사라지면서 객(손님)은 하루아침에 타자가 된다. 타자는 억압의 대상이 된다. 타자화된 이스라엘은 절대 왕정 밑에서 국가 노예로 전락하였다. 휴식도 없고, 보상도 없고, 정의도 없고, 목적도 없이 강제 노역에 시달렸다.

신명기는 이집트에서 노예로 살았던 이스라엘 백성의 상태를 "용광로"(쇠 풀무불, 신 4:20)로 묘사하였다. 용광로의 강력한 불길에 이스라엘은 불쏘시개였다. 그들의 수고와 노력과 희생과 눈물을 바탕으로 이집트는 국고성 비돔과 라암셋을 건축하였다. 그들은 이집트 제국을 위하여 모든 것을 착취당하였지만, 정당한 대우는커녕 언제나 굶주림에 시달렸다.

그들이 정확히 몇 년 동안 이집트의 노예 생활을 했는지 알 수 없지만, 400년 동안 이스라엘은 이방인으로 또 종으로 설움과 고통과 차별과 불의와 억압을 경험하였다. 미국의 고고학자 카손(Lionel Casson, 1914~2009)은 이집트의 무덤 벽화를 통해 당시 생활을 묘사했다.

'서기관들이 나무 그늘에 앉아 잉크병, 펜, 두루마리를 펼치면 줄지어선 추수꾼들은 쉬지 않고 일해야 했으며, 바구니를 든 여인들은 추수한 것들을 담기 위해 그 뒤를 따랐다. 그들 뒤로 떨어진 이삭을 줍는 이들, 여성들, 아이들, 나이 든 남자들이 줄지어 따라다녔다. 이삭 줍는 여인은 애처로이 손을 내밀며 말하였다. "한 움큼의 곡식만이라도 주십시오. 제발 오늘도 어제처럼 운수 나쁜 날이 되지 않게 해 주십시오.'"

이집트 벽화는 일하는 사람과 일하지 않는 사람을 대조적으로 보여준다. 일하는 사람은 한 움큼의 곡식이 없어 눈물짓고, 일하지 않는 사람은 나무 그늘에서 펜대를 굴리며 백성의 성과를 검토하고, 독려하고, 채찍질하였다. 양상은 다를지 모르지만, 인간 제국은 언제 어디서나 하나도 변하지 않는다.

하나님께서는 이집트 노예로 살던 그들을 구원하심으로 이스라엘 역사를 시작하셨다. 우리는 구원, 자유, 해방에만 지나치게 관심을 두지만, 하나님의 구원은 그렇게 단순하지 않다. 하나님께서는 그들을 구원한 이후 시내산에서 언약을 맺으면서 언약 백성, 언약 공동체를 만드셨다. 그것은 인간 제국의 시스템과는 전혀 다른 공동체였다.

이스라엘은 이집트 제국의 억압에서 해방하는 것뿐만 아니라 이집트의 문화에서 해방하여 하나님 나라 문화를 만들어야 한다. 40년 광야 생활은 하나님 나라 공동체를 만드는 과정이다. 그것은 전적으로 하나님을 의지하며 살아가는 공동체이고, 만나 경제 시스템으로 움직이는 공동체이다.

이집트 제국 경제의 시스템은 경쟁을 통한 성과를 중요하게 여긴다. 성과에 따라 약간의 당근을 제공하지만, 결국 성과의 대부분은 지배 계층의 안락함과 행복을 위하여 쓰일 뿐이다.

반면 만나 경제 시스템은 서로가 공유하고 나누며 사는 행복한 시스템이다. 많이 거두었다고 더 부자 되는 것도 아니고 행복한 것도 아니다. 행복은 나눔에서 온다. 적게 거둔 자를 돌아보며, 옆에서 눈물 흘리는 자를 위로하며, 공동체 전체가 함께 즐거워하는 것을 목표로 한다. 만나 경제 시스템은 무한히 공급하시는 하나님의 은혜를 기반으로 한다.

여기서 죄 많은 인간의 걱정과 두려움이 있다. 하나님의 은혜는 계속될 것인가? 하나님께서 만드시려는 공동체와 나라는 과연 가능할까? 인간은 하나님의 생각과 계획을 이해하고 따라갈 능력이 부족하여 의심하고 불안하고 마침내 불평한다.

그들은 오히려 이집트 지배층이 누리던 권력과 풍요 문화를 그리워하였다. 그들은 이집트 지배 계층의 관습, 즉 먹고, 마시며, 입고, 거주하고, 놀고, 자기의 신을 경배하고, 그들의 장례 방식을 좋아하였다. 그들은 고기 냄새를 풍기며 게걸스럽게 먹던 이집트 지배 계층의 모습이 한없이 부러웠다. 그들은 이집트 상류계층이 하던 대로, 약자를 억압하고 착취하면서 편히 쉬고 놀고 먹고 싶은 생각을 가졌다.

40년 광야 생활을 통해 하나님께서는 자유, 해방, 구원보다 하나님 나라 공동체, 만나 경제를 실천하는 공동체, 약한 자들을 돌아보고 나그네와 타자를 차별 없이 환대하는 공동체를 가르치셨다. 문제는 이스라엘 백성이 새로운 하나님 나라 공동체를 경험해 본 적이 한 번도 없다는 사실이다. 그들은 세상 어디에서도 그러한 공동체가 있다는 소리를 들어본 적도 없고, 경험한 적도 없었다. 그러기에 믿음보다 의심과 두려움이 더 컸다.

인간은 하나님의 섭리와 역사와 계획에 언제나 불안하고 두려워한다. 그러므로 하나님께서 나타나실 때마다 입버릇처럼 말씀하신다. "두려워 말라." 두려워하지 말고 하나님만 온전히 믿고 나아가라고 하셨다. 하나님을 믿고 따르면 하나님께서 세우시려는 하나님 나라 공동체는 반드시 이루어지고 그때 인류는 거짓 행복이 아닌 진정으로 행복한 공동체를 만나게 된다.

영국의 작가 로렌스(D. H. Lawrence, 1885~1930)는 말하였다. '세상은 다른 어떤 것보다도 하나의 새로운 경험을 두려워한다. 새로운 경험이 수많은 낡은 경험을 바꿔놓기 때문이다.' 새로운 사상이나 생각은 얼마든지 무시하고 외면할 수 있다. 그러나 참된 내적 경험은 사람을 진정으로 변화시킨다.

이스라엘 백성은 두 가지 경험을 절대 잊지 말아야 했다. 하나는 400년 동안 타국에서 타자로 살면서 경험했던 억울함과 고통과 억압을 잊지 말아야 했다. 약자를 품으려면 약자로서 경험했던 아픔을 잊지 말아야 한다. 다른 하나는 40년 동안 광야에서 하나님과 동행했던 경험, 하나님께서 공급하시는 초자연적인 은혜로 형제 사랑과 나눔을 실천하였던 만나 공동체의 경험이다.

　그것이 앞으로 세워야 할 이스라엘 공동체의 원형적 경험이다. 이 경험을 기억하느냐 잊어버리느냐에 따라 이스라엘의 운명은 달라진다. 이 경험은 하나님께서 세우시려는 하나님 나라의 동력이다.

참고도서

1. 리처드 로어, 『성경의 숨겨진 지혜들』 정준화 옮김 (한국기독교연구소: 고양) 2018년
2. 엘렌 데이비스, 『성서 문화 농업』 정희원/정희영 옮김 (도서출판 코헨: 대구) 2012년
3. 마이클 왈저, 『출애굽과 혁명』 이국운 옮김 (대장간: 대전) 2017년
4. 유발 하라리, 『사피엔스』 조현욱 옮김 (김영사: 서울) 2016년

"너는 이방 나그네를 압제하지 말라.

너희가 애굽 땅에서 나그네 되었은즉 나그네의 사정을 아느니라"

_출애굽기 23:9, 22:21

변화된 삶이 복음의 가치를 드러낸다

성경은 세상을 구원하기 위한 하나님의 계획을 이루도록 부름받은 하나님 백성 이야기이다. 하나님의 구원 계획은 창세기부터 구약 전체를 통하여 분명하게 드러난다. 하나님의 계획은 창세기 전반부에 밑그림을 그리고, 아브라함을 통하여 더욱 구체적으로 보여주다가, 이스라엘 백성을 애굽에서 건져내 하나님의 나라를 만들면서 확실하게 나타내었다.

이스라엘은 이기적인 국가가 되어서는 안 된다. 그 나라는 제사장 나라로 선택받았다(출 19:6). 제사장 나라라 함은 열방을 섬기고 봉사하라는 뜻이다. 하나님께서 이스라엘 백성을 구원하면서 여러 차례 강조한 말씀은 이스라엘의 근본이 종이었다는 사실을 잊지 말라는 것이다. 그들은 외국 땅에서 나그네로 살던 민족이다.

"너는 애굽 땅에서 종 되었던 것과 네 하나님 여호와께서 너를 속량하

47

셨음을 기억하라"(신 15:15, 5:15, 24:18,22). "네 하나님 여호와께서 이 사십 년 동안 네게 광야 길을 걷게 하신 것을 기억하라"(신 8:2). "너는 애굽에서 종 되었던 것을 기억하고 이 규례를 지켜 행할지니라"(신 16:12).

이스라엘이 제사장 나라로 사명을 감당하려면 절대 잊지 말아야 할 사실이다. 과거에 종이었으며, 광야에서는 나그네였음을 기억하고 하나님의 뜻을 따라 맡겨진 사명을 감당해야 한다. 이스라엘은 폭력으로 약한 자들을 억압하는 세상 제국과 달리, 사랑과 섬김과 포용으로 열방을 품는 하나님 나라가 되어야 했다. 그들은 열방의 빛이 되어야 했다.

"너는 이방 나그네를 압제하지 말라. 너희가 애굽 땅에서 나그네 되었은즉 나그네의 사정을 아느니라"(출 23:9, 22:21), "너희 하나님 여호와는 … 고아와 과부를 위하여 정의를 행하시며 나그네를 사랑하여 그에게 떡과 옷을 주시나니 너희는 나그네를 사랑하라. 전에 너희도 애굽 땅에서 나그네 되었음이니라"(신 10:17-19).

그러나 이스라엘은 하나님의 사명을 감당하지 못하였다. 그들은 약한 자를 돌보기는커녕 도리어 그들을 학대하였다. 열방의 빛이 되지 아니하고, 오히려 열방을 개와 같이 여겼다. 그들은 제사장 나라가 되고 싶은 마음이 전혀 없었다. 선지자들이 눈물 뿌리며 호소한 것은 자기 민족이 하나님 앞에서 사명을 잃어버리고 이기적 욕심에 취하여 살았기 때문이다.

"그들이 네 가운데에서 부모를 업신여겼으며 네 가운데에서 나그네를 학대하였으며 네 가운데에서 고아와 과부를 해하였도다"(겔 22:7,29, 슥 7:10), "야곱의 우두머리들과 이스라엘 족속의 통치자들아 들으라 정의를 아는 것이 너희의 본분이 아니냐. 너희가 선을 미워하고 악을 기뻐하여 내 백성의 가죽을 벗기고 그 뼈에서 살을 뜯어 그들의 살을 먹으며 그 가죽을 벗기며 그 뼈를 꺾어 다지기를 냄비와 솥 가운데에 담을 고기처럼 하는도다. 그 때에 그들이 여호와께 부르짖을지라도 응답하지 아니하시고 그들의 행위가 악했던 만큼 그들 앞에 얼굴을 가리시리라"(미 3:1-4).

이스라엘의 멸망은 예견되었다. 제사장 나라가 되기를 포기하면, 버림받을 수밖에 없다. 그들이 약자의 편에 서지 아니하고 강자의 편에 선다면, 받을 것은 하나님의 심판밖에 없다. 베드로 사도는 그리스도인을 향하여 "너희는 택하신 족속이요 왕 같은 제사장들이요 거룩한 나라"라고 하였다(벧전 2:9). 이 말씀은 우리에게 한없는 자랑이요 기쁨이지만, 동시에 엄청나게 크고 무거운 짐이란 사실을 기억해야 한다.

하나님께서 흩어진 나그네(벧전 1:1)들을 구원하여 하나님 자녀 삼으시고 그들을 왕 같은 제사장으로 삼으신 이유는 한 가지이다. 그들이 하나님의 구원 계획을 바로 이해하고, 하나님의 규례를 따라 그것을 실천하는 것이다. 이스라엘이 감당하지 못했던 제사장 나라로서 약한 자를 돌보고 섬기며, 열방의 빛이 되어야 할 사명을 감당해야 한다.

2010년 남아프리카 케이프타운에서 전 세계(198개국) 4,200여 명의 복음주의자들이 모여 이 사명을 확인하였다. 그들은 온 교회가 온전한 복음으로 온 세상을 섬기기로 다짐하였다. 과거 이스라엘은 제사장이 최고 지도층으로 백성 위에 군림하였다. 그들은 섬김과 봉사의 의미를 제대로 이해하지 못하고 자신이 무슨 대단한 특권을 가진 양 착각하였다.

만일 교회가 비슷한 착각을 하여 섬기기보다 남들을 판단하고 정죄하는 자리에 선다면, 구약 이스라엘 나라가 범하였던 죄를 반복하는 것이 된다. 교회는 세상을 비판할 자격이 없다. 오히려 세상을 온몸으로 끌어안고 눈물 흘려야 한다. 생명을 바쳐 세상을 사랑해야 하고, 세상을 섬겨야 한다. 그게 제사장이 해야 할 일이다.

〈케이프타운 서약〉은 이렇게 쓰고 있다.

'변화된 삶보다 복음을 감동적으로 전하는 것은 없으며, 이것만큼 개인적 삶의 모순에 대한 냉혹한 평가도 없다. 우리는 거룩한 삶을 통해 복음의 아름다움을 드러내고 복음의 빛을 비추는 삶으로 그리스도의 복음의 가치를 나타내야 한다.'

안타까운 사실은 현대 교회가 수백 수천 년 전에 쓰인 〈사도신경〉과 〈웨스트민스터 신앙고백〉을 가르치지만, 현대의 문제를 가슴으로 끌어안고 고민하며 고백한 케이프타운 서약은 가르치지 않는다. 진실한 그리스도인이라면, 제사장으로의 사명이 무엇인지 깊이 깨닫기를 원한다면, 케이프타운 서약을 정독할 필요가 있다.

케이프타운 서약이 고백으로만 끝나고 행동으로 옮겨지지 않는다면, 우리는 불행을 스스로 부르는 격이 된다. 두려움과 떨림으로 하나님께서 우리에게 주신 사명을 깊이 생각하는 나그네가 되기를 소망한다.

이주 사회의 다니엘 사상

21세기는 민족 혼합의 시대이다. 예전에는 가난과 폭정과 인신매매와 전쟁포로 등 불가피한 상황에서 이주가 있었다면, 현대는 자발적 이주가 있다. 가정과 사회 공동체는 빠르게 해체되면서, 더 나은 삶에 대한 희망만 있다면, 사람들은 쉽게 고국을 떠난다. 현대 문명은 이주를 가속하고 있다. 통신의 발달로 세계는 하나되어 한국 아이돌 가수가 세계인에게 사랑받는 시대가 되었다. 교통의 발달 역시 세계를 점점 가깝게 만들고 있다.

유발 하라리 같은 학자는 이제 국경은 의미 없어지고, 세계는 자본주의 정신 아래 하나 될 것으로 예측한다. 이슬람 국가이든, 북한 정권이든 어디든 돈의 논리 앞에 굴복한다. 사람들은 더 나은 삶을 향하여 이주하고 있다.

다문화 사회는 필연적으로 다종교 사회를 만든다. 포스트모더니즘을 지나 다원주의 사회로 진입하는데 기독교는 어떻게 대응해야 할까? 다원주의는 나쁘다, 자본주의도 나쁘다, 상황주의도 나쁘다, 세상은 나쁘다. 이렇게 손가락질만 한다면 앞으로 기독교가 설 자리는 과연 있을까?

사실 세상은 언제나 기독교에 적대적이었다. 기독교가 그 시대의 사고방식을 뛰어넘어 영적 영향력을 발휘하느냐, 아니면 세상으로부터 온갖 멸시와 모욕을 받느냐는 시대와 세상을 읽는 능력에 달려 있다. 나는 그 대답을 성경에서 찾을 수 있다고 믿는다.

이스라엘은 다문화 사회, 다원주의 사회에서 빛으로 소금으로 살아야 했다. 이스라엘이 열방의 빛이 되기 위해서 하나님의 말씀을 깊이 있게 묵상하고 실천해야 했다.

가나안에서 나그네로 살아야 했던 아브라함, 이삭, 야곱과 애굽에서 살아야 했던 요셉, 아론, 모세와 바벨론에서 살아야 했던 다니엘, 모르드개, 에스더, 스룹바벨, 느헤미야 등은 명백히 이주자요 나그네였다. 가나안 땅에 정착하여 나라를 이루고 살았던 이스라엘도 끊임없이 타 문화와 접촉하면서 그들과 영향을 주고받으며 살았다. 그러므로 구약 이스라엘의 고민은 오늘날 현대 그리스도인의 고민과 동일하다. 우리가 구약을 주의 깊게 읽어야 할 이유가 바로 여기에 있다.

이주자로 살아가면 두 가지 상황에서 갈등하기 마련이다. 하나는 지금까지 고국에서 전통적으로 지켜왔던 문화, 관습, 언어, 종교, 음식을 지키려는 욕망이고 다른 하나는 새로운 환경에 빨리 적응하고 정착하여 그 나라의 일부가 돼야 하는 과제이다. 언어, 문화, 관습, 종교, 전통을 새로 익혀야 하는데 지금까지 가지고 있던 전통과 매번 충돌을 일으킨다. 그 것은 곧 자기 정체성의 혼돈을 가져온다.

다니엘은 어떤 식으로 이 문제를 해결하였을까? 다니엘은 나라가 바 벨론에 멸망하면서 어린 나이에 포로로 끌려 왔다. 온 가족이 함께 끌려 왔는지, 전쟁통에 부모가 모두 죽었는지 자세한 상황은 알 수 없지만, 다 니엘의 상태는 최악이었다.

그는 왕의 진미를 거부하므로 민족 정체성을 고수하기로 하였다. 외 국에 살면서 외국 음식을 안 먹는 것은 불가능하다. 다니엘은 채식주의 자가 되기를 원했기 때문에 왕의 진미를 거부한 것이 아니다. 그는 자기 정체성을 지키겠다는 결심으로 채식을 선택하였다.

그는 음식에 이어 히브리 언어를 잃어버리지 않기로 하였다. 바벨론 포로 70년 동안 이스라엘은 히브리어를 잃어버리고 아람어를 사용하였 지만, 다니엘은 자기 민족어인 히브리어를 잃어버리지 않았다.

그것은 다니엘서를 아람어와 히브리어로 쓴 사실에서 알 수 있다. 그 는 다니엘서 1장에서 2장 4절까지 그리고 8장에서 마지막까지는 히브리 어로 기록하였고, 가운데 부분은 아람어로 기록하였다. 그는 바벨론 문 화와 히브리 문화에서 양자택일이 아니라 조화를 추구하였다.

다니엘이 두 언어(히브리어와 아람어)를 사용했다는 사실은 이주자로서 의 갈등과 고민을 엿보게 한다. 그는 바벨론 문화를 무조건 거부하지 않 았다. 바벨론 제국에 대항하여 저항하지 않았으며, 오히려 천지 만물의 하나님께서 바벨론도 다스린다는 확신을 가졌다. 왕이 주는 바벨론식 이름도 수용하였다. 일본 강점기 창씨개명을 생각하면 놀라운 일이라고 할 수 있다.

그뿐만 아니라 다니엘은 바벨론 학문을 다 배웠다. 그것은 바벨론 종교의 마술사들과 술객들의 학문이다. 다니엘은 바벨론의 마술사(magician, 박수)와 점성술사(술객, astrologer)가 되었다. 어떻게 생각하면 굉장한 타협이다.

요즘 이슬람 사회에서 예수를 믿지만, 자신이 그리스도인임을 드러낼 수 없는 사람들이 있다. 이들은 생과 사의 갈림길에서 어쩔 수 없이 이슬람 사회에 순응하는 듯 행동하지만, 사실은 그리스도인이다. 이러한 움직임을 선교학계에서는 '내부자 운동'이라고 한다. 실제로 이란에 그리스도인이 400만 명에 육박할 정도로 성장하였다고 한다. 때가 되면, 그들이 자신의 신앙을 온전히 드러낼 것이다.

다니엘도 바벨론의 종교 문화 속에서 어쩔 수 없이 마술사와 점성술사로 임명되어 활동하였지만, 결정적 순간에 하나님 신앙을 고백하였다. 비록 사자 굴에 던져져도 하나님 신앙을 포기하지 않았다. 다니엘은 온 우주와 만물, 세상의 모든 나라를 다스리는 하나님을 확신하였다.

세상의 문화와 관습과 종교보다 훨씬 더 중요하게 생각한 것은 마음이다. 외모를 보지 않고 중심을 보시는 하나님 앞에서 흔들림 없이 살아가려고 노력했던 다니엘은 이주 사회에 사는 이주민에게 시사하는 바가 크다.

다니엘은 하나님 나라 관점에서 다니엘서를 기록하였고, 다니엘서의 사상은 곧 다니엘의 사상이다. 그는 불신 사회, 다원주의 사회에서 그리스도인이 지켜야 할 것은 겉모습이 아니라 신앙이며, 그 신앙을 삶으로 나타냈다. 그는 불신 사회를 정죄하거나, 비판하거나, 싸우려고 하지 않았다. 오히려 그는 선한 영향력, 영적 영향력을 드러내었다.

종교 문화적으로 다원화된 사회에서 그리스도인은 쉽게 살아갈 수 없다. 그리스도인은 쉽게 정죄하지 않고, 쉽게 판단하지 않고, 쉽게 결정하지 않고, 고민하고 갈등하며 무엇이 진정 하나님의 뜻인지 깊이 생각하고, 다른 사람의 입장에서 다시 생각하는 어려운 길을 걸어야 한다.

애굽의 종 되었던 이스라엘을
구원하면서 고아와 과부와
외국인과 나그네를 대접하는
나라를 세우라고 하셨는데,
예수님께서 선포하신 하나님
나라가 바로 그 나라였다.

언어와 문화와 종교와 국경 너머

예수 그리스도는 하늘 본향에서 죄로 가득한 세상으로 이주하신 이주자이시다. 고향을 떠나 이 땅에 오신 예수는 온갖 멸시와 차별과 설움과 고통을 당하셨다. 사람들의 미움을 받아 죽을 위기를 수차례 겪으셨고, 손가락질과 침 뱉음을 당하시며 수치와 모욕을 경험하셨다. 그리고 마침내 죄 많은 사람에 의해 의로우신 주님은 죄인이라 손가락질받으며 돌아가셨다.

예수님은 이 땅에서 자신이 나그네임을 누구보다 분명하게 인식하였다. 마태는 예수님의 족보에 의도적으로 다말과 라합과 룻을 삽입하였다. 그것은 순혈주의를 강조하는 유대인들에게 주는 메시지이다.

이스라엘은 고립된 섬에서 순수성을 지킨 국가가 아니다. 더욱이 수천 년 역사 속에 독립국가를 유지한 것은 겨우 500년 정도밖에 되지 않는다. 그들은 타민족의 지배를 받으며 혈통뿐만 아니라 문화, 언어, 관습 모든 것이 뒤섞일 수밖에 없었다. 이스라엘은 다인종, 다문화, 다종교 사회였다. 모든 것이 혼재된 사회에서 그들이 지켜야 할 것은 허울뿐인 명분이나 전통이 아니라 신앙의 순수성이었다.

그러므로 예수님의 족보에 이방의 피가 흐르고 있음을 보여주므로 예수님이 세우시려는 하나님 나라는 온 천하 만물을 포용하고 통일하려는 하나님의 뜻을 보여준다(엡 1:10, 4:6).

예수님은 태어나자마자 헤롯의 잔인한 권력을 피하여 이집트로 강제 이주하는 경험을 하였다. 나사렛에 다시 돌아와서 잠시 사셨지만, 이내 가버나움으로 이사를 하였다. 예수님은 공생애 사역을 하면서 "여우도 굴이 있고 공중의 새도 거처가 있으되 인자는 머리 둘 곳이 없다"(마 8:20, 눅 9:58)고 고백하므로 자신의 나그네 정체성을 분명히 하였다.

예수님은 한 곳에 정착하여 센터를 만들어 사역하지 않고, 갈릴리와 유대를 두루 다니며 사역하였다. 예수님께서 가난한 자와 병든 자와 억압받는 자와 장애인과 약자와 죄인의 친구가 되신 데는 이러한 배경이 있다.

예수님께서 성장한 갈릴리 지역도 다문화, 다인종 사회였다. 일찍이 이사야 선지자는 '이방의 갈릴리'라고 하였다. 이 말은 갈릴리가 이방인의 땅이라는 인상을 준다. 그러나 유대 땅이 분명한 갈릴리가 이방인의 땅일 수는 없다. 그것은 갈릴리가 이방과 밀접한 관련이 있음을 나타낸다. 마태 역시 이사야의 말을 인용하여 '이방의 갈릴리'라고 함으로써 갈릴리가 예수님 당시에도 이방과 깊은 관계가 있음을 보여준다.

갈릴리는 고대 세계에서 널리 알려진 해안도로가 있다. 이 길은 '블레셋 사람의 길'(출 13:17), '해변 길'(사 9:1)로 불렸고, 로마 시대에는 '바다의 길'이라 불렀다. 지중해 바다를 끼고 있는 이 길은 북쪽 메소포타미아와 남쪽 이집트가 상대방을 공격할 때 주로 사용하던 길이었다.

그러므로 중간에 놓인 갈릴리는 전쟁 피해를 고스란히 짊어져야 했다. 반대로 예루살렘은 정복하려면 최소 1년 이상 걸리는 난공불락의 도시였다. 전쟁이 벌어지면, 예루살렘 지배층은 성문을 굳게 잠그고 성 안에 숨어 전쟁이 끝나기만 기다렸다. 갈릴리 지역 주민이 죽거나 전쟁 노예가 되거나, 능욕을 당해도 불쌍히 여기지 않았다. 오히려 갈릴리 지역을 차별하고 멸시하였다.

나다나엘이 '나사렛에서 무슨 선한 것이 나겠느냐'라고 깔보는 말은 당시 예루살렘 유대인이 널리 사용하는 속담과 같은 표현이다. 특히 갈릴리 사람은 사투리를 사용하였는데, 히브리어의 후두음을 제대로 발음하지 못하였다. 예루살렘 유대인들은 갈릴리 지방의 말투를 가지고 조롱하였다. 대제사장의 관저에서 그곳 하인들이 베드로에게 "너도 진실로 그 도당이라. 네 말소리가 너를 표명한다"(마 26:73)고 하였다.

해안 국제 도로가 갈릴리에 있기 때문에 피해를 보았지만, 경제적으로는 유익을 보았다. "어떤 사람이 부자가 되기를 원한다면 북쪽(갈릴리)으로 보내라. 현명하기를 원한다면 남쪽(예루살렘)으로 보내라." 유대 랍비들은 예루살렘의 학문적 전통을 자랑하기 위해서 이런 말을 하였지만, 갈릴리 지역은 예루살렘이 부러워할 만큼 문화적으로, 경제적으로 국제화되었고, 다문화, 다인종 사회였음을 알려준다.

우리는 예수님과 제자들의 배경에 이러한 갈릴리의 다문화적 상황이 있음을 인식해야 한다. 예수님은 유대인들이 주장하는 순혈주의, 문화 우월주의, 배타적 신앙주의를 배격하였다. 예수님이 선포하신 하나님 나라는 인종과 혈통과 언어와 민족과 국가를 초월하였다. 예수님은 사마리아 사람뿐만 아니라 이방인에게도 호의를 보였다. 예수님께서 그들에게 하나님의 복음을 전파하는 모습은 당시 국수주의적인 바리새인들에게 충격이었고, 비판의 대상이었다.

예수님은 국수주의와 민족주의를 지향하는 나라가 아니라 모든 경계를 뛰어넘는 하나님 나라를 선포하고 가르쳤다. 그 나라는 가난한 자, 포로된 자, 눈먼 자, 눌린 자를 인간으로 대접한다(눅 4:18-19). 애굽의 종 되었던 이스라엘을 구원하면서 고아와 과부와 외국인과 나그네를 대접하는 나라를 세우라고 하셨는데, 예수님께서 선포하신 하나님 나라가 바로 그 나라였다. 나그네였던 예수님은 제자들에게 땅끝까지 흩어져 나그네로서 하나님 나라 복음을 선포하라고 하셨다.

그들은 언어와 문화와 종교와 국경을 뛰어넘어 하나님 나라를 증거하는 나그네(증인)가 되어야 했다. 그들은 뿔뿔이 흩어져 이주민으로 살았지만, 그들은 하나님 나라에 속한 하늘의 시민이었다. 모든 문화가 혼재되어 있던 사회에서 하나님 나라를 선포하던 그리스도인들은 구속받은 하나님의 백성으로 사랑을 실천하고, 포용하는 통합 공동체인 교회를 세우도록 부름받았다.

이 정신을 잃지 않은 초대교회는 자신이 나그네임을 잊지 않고(벧전 1:1) 하나님 나라 복음을 선포하였다. 오늘 우리는 어떠한가? 우리는 나그네인가, 기득권층인가? 우리는 하나님 나라 복음을 선포하는가, 아니면 사람의 귀에 듣기 좋은 성공 신화와 기복 신앙을 전파하는가?

참고도서

1. 알프레드 에더스하임, 『유대인 스케치』 김기철 옮김 (복있는 사람: 서울) 2016년
2. Y. 아하로니, 『구약성서 지리학』 이희철 옮김 (대한기독교출판사: 서울) 1993년
3. 김하연, 『유대배경을 알면 성경이 보인다』(SFC출판부: 서울) 2016년
4. 마틴 헹엘, 『유대교와 헬레니즘』 신약논단 17(3) 2010년, 한국신약학회

예수님은 국수주의와 민족주의를
지향하는 나라가 아니라
모든 경계를 뛰어넘는 하나님 나라를
선포하고 가르쳤다.
그 나라는 가난한 자, 포로된 자, 눈먼 자,
눌린 자를 인간으로 대접한다.

복음을 위한 디아스포라, 나그네

바울은 디아스포라 유대인 가정에서 태어났다. 그의 아버지는 길리기아 다소에서 로마 시민권을 가진 유대인이었다. 그의 가족은 헬라어를 쓰지 않았고, 당시 팔레스타인의 상용어인 아람어를 사용하였다. 그러므로 바울은 민족적으로나 언어적으로나 헬라파가 아닌 히브리파 유대인이었다.

바울은 자신을 히브리인 중의 히브리인이라고 하였다(빌 3:5). 그는 로마 시민이라는 사실에 자부심을 느끼긴 했지만, 히브리 전통과 교육을 훨씬 중요하게 생각하였다. 그의 아버지는 바울이 바리새인으로서 최고의 율법 교사가 되기를 원하였다.

당시 이스라엘에는 두 명의 위대한 랍비가 있었다. 한 명은 샴마이로서 이방에 대하여 매우 적대적인 자세를 취하는 완고한 보수파였고, 다른 한 명은 힐렐의 손자 가말리엘로서 이방에 대하여 유화적인 자세를 취하는 온건파였다. 바울은 비둘기파에 속한 가말리엘 밑에서 율법을 배웠지만, 스승보다는 샴마이의 가르침을 더 선호하였다.

예수께서 부활 승천하신 후 제자들이 복음을 전하면서 유대에 골칫거리가 되었다. 산헤드린 공회는 베드로와 요한을 잡아 재판하였다. 샴마이를 중심으로 한 보수파와 가말리엘을 중심으로 한 비둘기파가 논쟁하였다. 그때 가말리엘이 말하였다.

"이 사람들을 상관하지 말고 버려두라. 이 사상과 소행이 사람으로부터 났으면 무너질 것이요 만일 (저들이) 하나님께로부터 났으면 너희가 그들을 무너뜨릴 수 없겠고 도리어 하나님을 대적하는 자가 될까 하노라."

가말리엘의 말에 설득된 공회는 베드로와 요한을 풀어주었다. 바울은 스승의 태도가 마음에 들지 않았다. 그는 새롭게 등장하는 나사렛 도당을 무너뜨려야 한다고 생각했다. 마침 이른바 자유민들 즉 구레네인, 알렉산드리아인, 길리기아와 아시아에서 온 사람들이 스데반 집사와 논쟁하게 되었다(행 6:9).

이때 스데반 집사와 논쟁하던 길리기아 사람은 바울이 아닐까 추측하는 학자들이 있다. 설령 바울이 아닐지라도 최소한 바울이 잘 아는 고향 사람일 것이다. 논쟁은 스데반 집사의 순교로 이어졌다. 바울은 스데반 집사를 돌로 쳐 죽이는 일에 앞장섰고, 나아가 그리스도인들을 핍박하는 데 열심을 내었다. 명백히 스승과 다른 길이었다.

탈무드에 의하면, 위대한 랍비 가말리엘의 제자 가운데 학문에 있어서 거만을 보이며, 스승에게 상당히 골칫거리인 학생이 있었다고 한다.

학생의 이름을 밝히지 않았지만, 이스라엘 역사가 클라우스너(J. Klausner, 1874~1958)는 이 학생을 바울이라고 추측하였다. 그렇게 격렬하게 핍박하고 반대하던 바울이 다메섹 도상에서 예수 그리스도를 만나 회심하면서 180도 방향을 바꾸었다.

그는 3년 동안 칩거하면서 구약을 다시 읽었다. 그리고 구약 속에 면면히 흐르는 하나님의 뜻, 곧 이방을 섬기고 그들에게 복음을 전해야 할 사명을 발견하였다. 바울은 자신이 이방의 사도로 부름받았음을 느꼈다. 그는 법적으로 로마 시민이었고, 문화적으로 헬라 문화에 익숙하고, 혈통적으로는 유대인으로서 다중 문화인이었다. 그는 다문화 사회에 최고의 선교사 자격을 갖춘 사람이었다.

그의 출생과 성장 배경은 하나님께서 이방을 위하여 쓰고자 준비하신 것이었다. 바울은 편협하고 완고하고 보수적인 유대 전통을 이어갈 자가 아니라, 세계를 향하여, 열방을 향하여 나아가 복음을 전할 사도로 부름받았다. 그것은 구약 이스라엘이 감당해야 할 사명이었지만, 이제 바울이 그 사명을 받았고, 초대교회가 감당해야 할 사명이었다.

그는 아직도 보수 유대교의 영향 아래 있는 예수님의 제자들을 책망하고, 예루살렘 공의회에서 기독교가 이방을 향한 선교적 사명을 감당해야 한다고 역설하였다. 하나님께서는 하나님의 선교를 위하여 창조 때부터 계획하시고 섭리해 오셨다. 교회는 하나님의 선교를 위한 도구여야 한다. 예수님이 명령하신 대로 땅끝까지 흩어져 온 땅에 하나님의 복음을 전하고 하나님의 영광을 드러내야 한다.

그리스도인은 정착민이 아니라 나그네이다. 복음을 위하여 기꺼이 나아가는 사람이어야 한다. 바울은 하나님의 선교를 깨달았고, 그 일을 위하여 자신의 온 생명을 바쳤고, 교회 공동체를 가르치면서 열방에 빛이 되도록 이끌었다. 교회가 나그네로서 복음을 전할 사명을 잃어버리면, 존재 이유를 잃어버리는 것과 같다.

바울은 나그네 선교사였고, 하나님의 선교를 위하여 세상으로 나아가는 선교사였고, 하나님의 교회 공동체가 열방에 빛이 되어 선교적 사명을 감당하도록 가르치고 지도하였다.

참고도서

1. F.F. 부루스, 『초대교회역사』, 서영일 옮김 (기독교문서선교회, 서울) 1986년

베드로서에 관한 7가지 질문

저자는 베드로인가?

로마 가톨릭 교회는 베드로 서신을 사랑하여 널리 읽었다. 그들은 베드로를 첫 번째 로마 교황으로 생각하고 사랑하였지만, 나는 다른 이유로 베드로서를 사랑한다.

베드로는 편지에서 밝혔듯이 나그네 된 그리스도인을 대상으로 편지를 썼다. 그들은 배우지 못한 사람들이요, 정착민과 달리 사회 경제적으로 불평등과 억압을 받던 약자들이었다. 그런데도 베드로는 그들을 향하여 '너희는 왕 같은 제사장'이라 선언하였다.

베드로는 흩어진 나그네처럼 불학무식한 사람이었다. 그는 주님을 위하여 모든 것을 버려두고 나그네의 삶을 선택하였다. 지식으로나 능력으로 볼 때 그는 결코 교회 지도자가 될 만한 사람이 아니었다. 그러나 그는 예수 그리스도의 제자로서 사명을 감당하는 데 주저하지 않았다. 고넬료를 통하여 이방 선교의 문을 여는 역할을 감당하였고, 예루살렘 공회에서도 중심 역할을 하였다. 지식이 있어야만 지도자가 되는 것은 아니다.

베드로는 자신도 나그네 인생을 살면서 세상에 흩어진 나그네들에게 편지하였다. 그의 편지는 이론이 아니라 삶이었다. 그러므로 베드로서는 초대교회에서 가장 널리 읽힌 성경이다. 일반적으로 바울은 특정 교회를 향하여 편지를 썼지만, 베드로는 초대교회 전체를 향하여 썼다. 따라서 베드로의 편지는 일반서신으로 분류된다.

베드로는 자신이 편지의 저자임을 분명하게 나타냈다. 그리고 마지막 부분에서 이 편지를 실루아노에게 대필시켰음을 밝혔다.

예전 시골 마을 어르신 중에 한글을 모르는 분들이 많았다. 타지에 사는 자녀가 편지를 보내면, 글을 읽을 줄 아는 사람을 찾아가 편지를 읽게 하고, 대필하였다. 그러나 아무도 자신이 한글을 모르니 동네 아무개가 대필하여 편지를 쓴다고 하지 않았다. 그건 최소한의 자존심이다.

그러나 베드로는 대필자를 밝히므로 자신이 헬라어를 쓸 줄 모른다는 사실을 분명히 했다. 그리스도인은 예수 그리스도를 자랑하는 사람이지 자기 실력을 자랑하는 사람이 아니다. 다른 말로 하면, 자신의 능력 없음을 전혀 부끄러워하지 않는다는 뜻이다. 사도 바울도 자신이 부득불 자랑할진대 약한 것을 자랑한다고 하였다(고후 11:30).

베드로가 '실루아노'라고 밝힌 사람은 사도행전 15장 이후에 등장하는 실라이다. 실라는 바울과 함께 전도 여행을 하였던 동료이자 동역자이다. 그는 바울처럼 유대인이면서 로마 시민권자였고, 예루살렘 교회에서 인정받아 바울과 바나바와 함께 안디옥 교회로 파송받은 지도자였다 (행 15:22). 초대교회 전 지역 본도, 갈라디아, 갑바도기아, 아시아, 비두니아에 이름이 알려진 사람이었다.

그는 베드로전서를 대필할 정도로 헬라어에 능통하였다. 학자들에 의하면, 베드로서의 문체가 바울의 문체보다 더 유려하고 부드럽고 아름답다고 한다. 실라는 그만큼 실력 있는 사람이었다. 베드로는 약점을 드러내는 것을 부끄러워하지 않았고, 자신보다 실력 있는 사람을 품어 안아 사용할 줄 알았다.

이렇게 솔직히 자신을 밝혔지만, 현대 신학자들은 의심과 불신이 가득하여 베드로가 쓴 것이 아니라고 한다. 그들은 일단 부정하고서 자신을 설득해 보라고 주장한다. 만약 베드로가 이 사실을 안다면, 얼마나 답답할까? 현대 자유주의 학자들은 온갖 이유로 베드로 저작설을 부인하지만, 난 그들의 글을 읽으면서 합당한 근거를 찾지 못하였다. 그들의 이야기는 대부분 추정과 가정뿐이었다.

고대 교회는 베드로가 저자임을 의심하지 않았다. AD 95-96년경 로마의 감독이었던 클레멘트(Clement of Rome, AD 30-100)는 고린도 교회에 보내는 편지에서 베드로서를 읽으라고 권면하였다. 사도 요한의 제자 폴리갑(Polycarp, AD 69-155)도 빌립보 교회에 보내는 편지에서 베드로전서를 인용하여 글을 썼다.

이후에도 초대교회 많은 지도자 이를테면, 이레니우스(Irenaeus, AD

130-202?), 알렉산드리아 클레멘트(Alexandrian Clement 140?-216?), 터툴리안
(Tertullianus, 160-220) 등이 베드로 저작설을 확고하게 주장하였다.

　노년의 베드로는 자신과 같이 세상에서 나그네처럼 살아가는 그리스
도인을 생각하면서 온 마음으로 그들의 형편과 사정을 헤아리며 편지를
썼다. 베드로서 곳곳에서 그의 따뜻한 마음과 사랑을 느낄 수 없다면, 베
드로서를 바로 읽었다고 할 수 없다.

베드로는 본도(Pontus)를 시작하여

갈라디아(Galatia), 갑바도기아(Cappadocia)로 내려가서

서쪽 해안지역인 아시아로 갔다가

서북쪽 비두니아(Bithynia)를 언급함으로써

터키를 한 바퀴 도는 형식을 취하였다.

2

다섯 지역은 어디인가?

베드로전서에 등장하는 지역은 다섯 곳이다. "예수 그리스도의 사도 베드로는 본도, 갈라디아, 갑바도기아, 아시아와 비두니아에 흩어진 나그네"(벧전 1:1). 본도, 갈라디아, 갑바도기아, 아시아, 비두니아는 지명으로서 현재 터키에 속한다. 지리적으로 이들 지역을 명확하게 규정할 수 없다. 그 이유는 사회 정치 상황이 여러 차례 변화하였기 때문이다. 그러므로 현재 학자들은 대충 어느 지역일 것이라고 추측할 뿐이다.

베드로는 본도(Pontus)를 시작하여 갈라디아(Galatia), 갑바도기아(Cappadocia)로 내려가서 서쪽 해안지역인 아시아로 갔다가 서북쪽 비두니아(Bithynia)를 언급함으로써 터키를 한 바퀴 도는 형식을 취하였다. 이 다섯 개 지역은 각기 언어와 문화와 풍토가 다르다. 놀라운 사실은 불과 100년이 안 된 시점에 기독교가 이렇게 널리 퍼졌다.

PONTUS

본도(Pontus)는 바다를 뜻하며 흑해(black sea)를 가리킨다. 그리스 문학에서 본도는 바다를 의미하는 단어로 사용하였다. 본도는 흑해 연안으로 소아시아 동북부 고대 국가였다.

사도행전 2장에 보면, 오순절 본도에서 온 유대인이 있음을 지적하였다(행 2:9). 따라서 오순절 성령강림으로 세워진 예루살렘 교회에 본도 출신 유대인이 참여했을 가능성은 매우 크다. 숫자가 얼마인지 알 수 없지만, 그들이 본도로 돌아가서 그곳에 그리스도인 공동체를 세웠을 가능성은 크다.

후일 바울의 선교팀으로 크게 활약했던 브리스길라와 아굴라 부부는 본도 출신이다. AD 49년경 글라우디오가 로마에서 모든 유대인을 추방하라는 칙령을 내렸을 때 아굴라 부부는 로마에 있었다.

추방당한 이들 부부는 고린도에서 바울을 만나 교제하였으며, 이후 바울의 선교 여행에 동참하였다. 바울은 브리스길라와 아굴라를 동역자로 여겼으며, 이들 부부는 바울을 위하여 목숨까지도 내어 놓을 정도로 헌신하고 사랑하였다(롬 16:3-4). 일부 학자들은 브리스길라와 아굴라 부부가 오랜 여정을 마치고 본도로 귀환하여 복음 전파 사역을 했을 거라고 짐작한다.

GALATIA

갈라디아(Galatia)는 BC 64년경 로마의 속국이 되었다. 바울은 첫 번째 선교여행 중에 갈라디아 지역을 다니며 복음을 전파하였다. 안디옥, 이

고니온, 루스드라 더베가 갈라디아 지역에 속한다(행 13-14장). 갈라디아 지역은 로마 행정 구역으로 영토 변화가 심하였다. 따라서 바울이나 베드로가 말한 갈라디아 지역이 정확히 어떤 곳인지 의견이 분분하다.

갈라디아는 그리스 로마 문화의 영향권 아래 있었지만, 언어나 종족이 달랐다. 그들은 켈트족으로 5세기 말까지 켈트어를 사용하였다. 그만큼 로마에 대한 적대감이 강했다는 뜻이고, 민족적 자긍심이 컸다는 뜻이다. 그러므로 로마의 측면에서 보면, 언제나 주의할 대상으로 늘 경계하고 차별하였다.

CAPPADOCIA

갑바도기아(Cappadocia)는 터키 중동부 지역으로 고대로부터 주요 교통로에 있었다. 터키를 여행하는 사람이 반드시 들리는 지역이 갑바도기아이며, 로마의 카타콤과 더불어 갑바도기아 지하 동굴 교회는 유명하다.

마카비 1서 15장 22절에 보면 로마의 집정관 루기오가 갑바도기아의 아리아르테스 5세(BC 163-130)에게 유대인을 해치지 말 것을 명령하였다. 이를 보면 BC 2세기경 갑바도기아에 유대인 공동체가 있었음을 짐작할 수 있다.

그들은 오순절에 예루살렘에 왔던 순례객 명단에도 포함되었다(행 2:9). 이 지역의 수도는 가이사랴(Mazaca)로서 기독교 발전에 주도적 역할을 한 도시이다. 따라서 일찍부터 갑바도기아에 기독교가 전파되었다. 갑바도기아가 배출한 주요 인물로서 바실(Basil the Great)과 그의 친구 그레고리(Gregory of Nazianzus)와 바실의 동생인 닛사의 그레고리(Gregory of Nyssa)가 있다.

ASIA

아시아(Asia)는 보통 소아시아의 한 주를 가리킨다. BC 2세기경 로마가 안티오쿠스와 싸워 획득한 땅으로 서쪽 해안지역의 항구도시들을 포함한다. 아시아의 첫 수도는 예전 앗달리아 왕국의 수도였던 버가모였으며, 아우구스투스 시대에는 항구도시로 크게 발전한 에베소가 수도였다. 아시아는 황제를 열렬히 추종하였으며 터키에서 가장 풍요로웠다.

아시아는 황제 숭배를 맨 먼저 청원한 주 중의 하나이다. 이들은 아우구스투스가 가져온 평화와 번영을 누리며 살았다. 반면 황제 숭배를 거부하던 기독교를 사회 질서와 안녕을 깨트리는 종교로 생각하여 핍박하였다.

BITHYNIA

비두니아(Bithynia)는 소아시아 북서쪽 트라키아 부족의 이름을 따라 생긴 지명이다. 비두니아 역시 해안을 따라 형성된 도시들로 이루어졌다. 비두니아 왕조는 BC 74년 로마에 귀속되었다. 비두니아와 본도의 총독이었던 플리니우스 2세의 서신에 따르면, 기독교인의 수가 많았음을 알 수 있다. 플리니우스는 트라야누스(Trajanus, 재위 기간 98-117) 황제에게 편지하기를 기독교가 시골 동네까지 전파되었다고 하였다. 사도 바울은 비두니아로 가서 복음 전파하기를 소망하였지만, 성령께서 허락하지 않으므로 유럽으로 발걸음을 옮겼다(행 16:7).

베드로서 수신자는 누구인가?

베드로서의 수신자는 현재 터키 전 지역에 "흩어진 나그네" 그리스도 인이다. 지금까지 대다수 성경학자는 나그네를 『천로 역정』에 나오는 순 례자처럼 해석하는 경향이 있었다. 나그네는 상징적이고 영적인 의미로 서 천성을 향하여 나아가는 자로 이해하였다. 물론 그런 의미가 있다. 그 러나 성경 저자들은 언제나 실제 상황에 처한 독자를 염두에 두고 글을 썼다.

하나님께서도 구체적인 상황 속에 아파하고 고통받는 사람을 생각하 시고 그들에게 구원의 은혜를 베푸셨다. 오해하지 말아야 할 것은, 하나 님께서는 경건한 순례길을 걷는 훌륭한 신앙인보다, 오히려 애굽의 압제 아래 신음하는 사람들, 가인에게 억울한 죽임을 당한 아벨의 피 소리, 니 느웨 백성의 외침에 귀를 기울이셨다.

하나님께서는 죄악 가운데 신음하는 자를 불쌍히 여기시고 그들을 위하여 예수 그리스도를 보내주셨다. 다시 말하면, 하나님은 살아가면서 실제 경험하는 사람의 고통과 아픔에 관심을 두시고, 그들의 호소와 간구에 응답하시고 구원을 베푸셨다.

경건한 신앙인의 호소도 들으시지만, 불신자의 신음도 들으신다. 비록 그가 타 종교인일지라도(불신자는 타 종교인이라 볼 수밖에 없다) 하나님은 그들을 외면하지 않고 은혜 베풀기를 기뻐하신다. 구원의 은혜는 예외나 차별이 없다. 베드로전서에 나오는 나그네들은 구체적인 삶의 현장 속에 실제 뜨내기로 살아가는 사람들이다.

그것은 곧 오늘 우리의 상황 속에 실제적 도움과 위로와 격려와 책망과 인도하심으로 연결된다. 하나님은 상황에 민감하시다. 하나님은 다양한 상황에서 다양하게 그들을 대하면서, 여러 가지 이야기들을 이끌어가신다.

성경은 다양한 이야기 모음집이다. 그리고 그 이야기들 속에 담긴 하나님의 진심, 하나님의 뜻을 잘 헤아려 오늘 우리의 상황 속에서 재해석하고 적용하는 것이 우리 임무이다.

베드로전서의 '나그네'는 결코 상상 속의 인물이 아니다. 성경은 하나님을 떠난 인간의 모습을 규정할 때 '흩어진'이란 이미지를 사용한다. 아담과 하와가 죄를 범하여 에덴에서 떠나는 것은 고향을 잃어버리고 흩어진 나그네를 연상케 한다. 아벨을 죽인 가인이 유리방황하는 자가 된 것도 흩어진 나그네의 모습이다.

바벨탑으로 언어가 나누어지고 사람들이 흩어져 살게 되었다. 이스라엘 백성이 애굽에서 노예로 사는 모습도 흩어진 모습이다. 후일 이스라엘이 멸망하여 바벨론 포로로 끌려가 각지로 흩어져 살았다. 구약 성경에 흩어진 모습은 하나님의 심판과 징계와 연결되어 자주 사용하였다.

반면에 흩어진 모습을 통해서 새로운 선교적 사명을 깨닫고 하나님의 사람으로 쓰임받는 모습도 나타난다. 아브라함이 고향을 떠나 가나안으로 이주하여 사는 모습은 명백히 흩어진 나그네이다. 아브라함도 자신의 정체성을 나그네라고 하였다(창 23:4). 하나님께서 아브라함을 나그네 인생길을 살게 하신 것은 그가 땅의 모든 족속에게 복이 되도록 하기 위함이었다. 이스라엘 백성도 나그네 정체성을 가지고 다른 나그네와 이방인을 잘 대접하라고 여러 차례 권면하였다(출 22:21, 23:9, 신 10:19).

이스라엘이 바벨론에 포로로 끌려갔을 때 그들은 열방을 향한 하나님의 구원 계획을 깨닫게 된다. 하나님께서는 이스라엘이 열방에 빛이 되도록 바벨론에 흩어진 나그네가 되게 하셨다.

"그날에 이스라엘이 애굽 및 앗수르와 더불어 셋이 세계 중에 복이 되리니 이는 만군의 여호와께서 복 주시며 이르시되 내 백성 애굽이여, 내 손으로 지은 앗수르여, 나의 기업 이스라엘이여, 복이 있을지어다 할 것임이라"(사 19:24-25).

하나님께서는 선지자를 통하여 이스라엘과 열방을 구별 없이 사랑하시고 그들에게 복 주시기를 기뻐하심을 보여주셨다. 하나님 백성의 참된 소명은 흩어진 나그네로 살면서 열방을 구원하는 자로 선교적 사명을 실천하는 것이다.

예수님은 배운 것도 없고, 가진 것도 없고, 능력도 없는 제자들에게 땅끝까지 흩어져 증인이 되라고 하셨다. 초대교회는 주님의 말씀을 그대로 실천하여 나그네 삶을 살았다. 그것은 영적으로 상징적으로 산 것이 아니라 실제로 살았다. 베드로전서는 바로 그렇게 흩어진 나그네들을 향한 위로와 권면의 말씀이다.

그러므로 '흩어진'이란 말은 저주와 심판의 의미도 있지만, 반대로 선교 사명과 복의 의미도 담겨 있다. 흩어져 나그네로 살아가는 사람 앞에는 화와 복이 있다. 화를 복으로 바꾸고 심판을 오히려 선교적 사명으로 승화시켜 이해하고 실천한 사람이 바로 그리스도인이다. 베드로전서의 나그네는 실제적 상황에서 하나님의 선교적 사명을 감당하며 살아가는 구체적인 사람이다.

탁월한 지도자의 리더십을 배우기보다

베드로의 리더십을 배우는 것이

연약한 우리에게 훨씬 큰 유익이 된다.

지도자 베드로의 리더십은?

예수님은 베드로를 수제자로 세우셨다. 베드로의 어떤 점을 보고 수 제자로 뽑으셨을까? 나는 그것이 궁금하다. 베드로는 지도자 되기에 부 족한 점이 많은 사람이다. 그는 배우지 못한 사람이었다. 산헤드린 공의 회는 그의 학문 없음을 잘 알고 있었다(행 4:13). 성격적으로도 덤벙대며 저돌적인 사람이었다. 생각보다 행동이 빠른 사람이었다. 신중하거나 침 착한 모습은 찾아보기 힘들다. 멀리 내다보는 능력도 없으며 비전 메이 커도 아니다.

그런 그가 어떻게 하여 초대교회와 사도들의 리더가 되었을까? 베드 로는 덤벙대는 성격 때문에 여러 번 실수와 실패를 경험하였다. 그는 예 수님을 세 번이나 부인하였다. 사람은 누구나 실수와 실패를 경험하고, 죄를 짓는다. 그러나 죄인을 구원하러 오신 주님은 허물과 잘못을 보고 책망하거나 포기하지 않으시고 끝까지 붙들어 주고 세우신다. 베드로는 실수와 실패를 통하여 세움받은 지도자이다.

가끔 신앙생활하다 쓰러지고 낙심하는 사람을 본다. 자신이 보기에도 수치스럽고 부끄러워 고개를 들지 못하겠다는 사람도 있다. 때때로 많은 사람이 그 사실을 알아 손가락질하고 외면할 때가 있다. 이제 다시는 사람들 앞에 서서 말씀을 증거할 수도 없고, 이끌 수 없다고 생각할 수도 있다. 그러나 세상 모두가 포기한다 할지라도 마지막 순간까지 우리를 버리지 않고 세우시는 분은 주님이다.

베드로가 지도자 된 것은 그의 자질과 능력이 아니다. 수많은 잘못과 실패가 있었지만, 끝까지 그를 반석이라 믿어주고 세워주고 격려하고 힘주신 주님 때문이다. 그런 면에서 탁월한 지도자의 리더십을 배우기보다 베드로의 리더십을 배우는 것이 연약한 우리에게 큰 유익이 된다.

상황만 보지 마라

제자들이 갈릴리 바다에서 항해할 때 풍랑이 심하여 거의 죽을 뻔한 일이 있었다. 그때 제자들을 향하여 요동치는 바다 위를 걸어오시는 주님을 보고 베드로는 말하였다.

"주님! 만일 주님이시거든 나를 명하사 물 위로 오라 하소서."

베드로는 자신의 요청대로 물 위를 걷는 놀라운 경험을 하였지만, 또한 물에 빠져 허우적거리며 살려 달라고 아우성치는 꼴사나운 모습도 보였다. 다른 사람은 어찌 생각했을지 모르지만, 베드로는 두고두고 이 일을 기억하였다. 주님을 보지 못하고 상황과 현실만 보면 실패한다. 베드로는 이렇게 편지하였다.

"너희가 이제 여러 가지 시험으로 말미암아 잠깐 근심하게 되지 않을 수 없으나 오히려 크게 기뻐하는도다." (벧전 1:6)

사람이 시험을 만나면 좌절하기 마련이다. 그것도 한 가지가 아니라 여러 가지 시험을 만난다면, 더욱 낙심하게 된다. 하나님께서 나를 버리시는 것은 아닌지 의심하기도 한다. 시험 앞에 굴복하며 근심하는 모습을 보고 사람들이 내리는 냉혹한 평가에 실망하기도 한다.

그런데 근심이 변하여 기쁨이 되는 역사는 사람이 아니라 하나님이 하신다. 사람은 냉정하지만, 주님은 따뜻하시다. 주님은 언제나 손 내밀어 주시고 힘주신다. 베드로는 그것을 경험했기에 근심에서 기쁨으로 건너뛰는 신비를 말하였다. 그는 고난받는 초대교회 성도들에게 주님도 고난받으셨기에 우리 심정을 헤아리고 회복하여 주신다고 하였다(벧전 2:21-24). 베드로는 입 발린 말로 위로하는 것이 아니라 자신이 실제 경험한 사실을 근거로 편지하였다.

사람은 고난을 본다. 상황을 보고, 문제점만 본다. 비판하는 사람이 똑똑한 사람으로 대접받는 세상이다. 그러나 주님은 연약하여 쓰러진 사람을 보고 일으켜 세우시며, 환경과 상황을 보지 말고 주님을 보라고 하신다.

자신을 낮추라

베드로는 주님께서 수건을 가져다 허리에 매고 발을 씻으려 할 때 거부하였다. 스승은 마땅히 존경받고 대우받아야 한다고 생각했기 때문이다. 허리를 숙이고 타인의 발을 씻어주는 것은 종이나 할 일이지, 스승이 할 일이 아니라고 생각하였다. 그는 누구보다 스승이신 예수님을 존경하고 따랐다.

그러나 존경만 했지 예수님의 가르침이 무엇인지 헤아리지 못하였다. 위에 있는 사람을 공경하고 존경하고 순종하며 따르는 일은 좋은 일이다. 그러나 그것이 대물림되어 위계질서를 만들고 수직적 복종 관계를 만든다면, 주님의 가르침과는 다르다.

주님은 하늘 보좌에서 낮고 천한 인간의 모습으로, 죄인의 모습으로, 약한 모습으로 오셨다. 그냥 오신 것이 아니라 죄인이 겪어야 할 모든 아픔과 고통과 눈물과 설움을 다 겪으셨다. 굳이 그렇게 하실 이유가 하나도 없었다. 하늘과 땅의 권세를 가진 분의 말씀 한마디면 귀신이 물러가고, 병자가 고침받고, 파도와 바람이 잔잔해지는 데 굳이 험한 자리에 내려와 험한 꼴을 보아야 할 이유가 없다.

하늘 보좌에 앉으셔서 은혜 베풀고, 복을 비같이 내리고, 사랑해도 모든 사람이 다 감사와 영광을 돌릴 것이다. 그런데 일부러 가장 추한 모습으로, 가장 낮은 모습으로, 가장 연약한 모습으로 오신 이유는 무엇일까?

예수님께서 보여주신 리더십은 낮은 리더십이다. 아파하는 사람 곁에서 같이 아파하는 리더십이고, 상처받은 사람 곁에서 함께 눈물 흘리는 리더십이고, 죄인을 대신하여 매 맞는 리더십이다. 주님이 가르쳐 주신 리더십은 십자가의 리더십이다.

베드로는 언제나 허리에 수건을 동이신 예수님의 모습을 떠올리면서 자신의 잘못된 생각과 가치관을 버리고 또 버렸다. 그는 이렇게 편지하였다.

"서로 겸손으로 허리를 동이라. 하나님은 교만한 자를 대적하시되 겸손한 자들에게는 은혜를 주시느니라"(벧전 5:5).

베드로는 겸손을 떠올릴 때마다 예수님께서 수건을 허리에 동이고 자신의 발을 씻기던 순간을 생각하였다. 부끄럽고 죄송한 마음으로 어찌할 줄 몰랐던 그 밤의 교훈을 그는 평생 마음에 간직하였다.

"그러므로 하나님의 능하신 손 아래 겸손하라"(벧전 5:6).

베드로는 바울과 달리 자신이 사도라고 내세우지 않았다. 그는 초대 교회 리더와 자신을 동등한 동료로 여기고 편지하였다. 자신은 누구 위에 있는 자가 아니다. 오히려 부끄럽고 수치스럽고 추한 과거를 간직한 자로서 언제나 먼저 낮아지고 겸손한 모습으로 다가갔다. 그는 자신을 "함께 장로된 자"(벧전 5:1)라고 함으로써 리더십의 본질인 낮아짐을 보여주었다.

내 양을 먹이라

베드로는 닭 울기 전, 세 번이나 주님을 부인하고 저주하였다. 바로 그 순간 주님과 눈이 마주쳤으며, 그 순간 자신의 실체를 분명히 깨달았다. 그는 밖으로 나가 대성통곡하였다. 두 번 다시 주님을 볼 수 없다고 생각하니 회개할 찬스도, 회복의 기회도 다 사라져버렸다고 느껴 절망하였다. 그런 그에게 부활의 주님이 찾아오셨고, 그를 회복시켰다.

"요한의 아들 시몬아. 네가 나를 사랑하느냐?"

예수님께서 베드로에게 "요한의 아들 시몬"이라고 불러주신 것은 딱

두 번뿐이다. 한 번은 그의 이름을 베드로로 바꾸어 주실 때이다. 즉 그의 정체성을 새롭게 해 주실 때 "요한의 아들 시몬"이라고 하였다. 이제 자신의 정체성을 잃어버리고 수치스럽게 방황하는 베드로에게 찾아오셔서 '요한의 아들 시몬'이라고 다시 부르신다. 그리고 그의 잃어버린 정체성을 회복시킬 뿐만 아니라 그에게 놀라운 사명을 맡겨 주신다.

"내 양을 먹이라."

베드로의 양이 아니라 주님의 양이다. 베드로는 잠시 양을 맡아 돌보는 삯꾼 목자에 불과하다. 명백히 인식할 것은 자기 명령을 따르고, 자기를 추종하는 양이 아니라 주님의 양이란 사실이다. 베드로는 자신의 정체성과 사명을 분명하게 인식하고 따르는 사람이 되었다. 중요한 것은 지도자인 자기 명령, 자기 생각, 자기 주관, 자기 비전이 아니다. 목자장이신 예수님의 비전과 말씀과 생각이다. 자신은 삯꾼 목자에 불과하다. 자칫 잘못하면 주인의 양을 훔쳐가는 진짜 삯꾼 목자가 될 수 있음을 늘 경계해야 한다.

삯꾼 목자가 잊지 말고 기억해야 할 사실은 목자장이신 주님이 계시다는 사실이다. 지도자는 자신을 위한 존재가 아니다. 첫 번째로 주를 위한 존재이고, 다음으로는 양 무리를 위한 존재이다. 만일 양 무리를 잘 먹이고 이끌지 못한다면, 그는 하나님 앞에서 배나 심판을 받을 것이다. 베드로는 친구 유다가 욕심부리다 멸망하는 모습을 생생하게 지켜보았다. 지도자는 결코 자기 욕심에 사로잡혀서는 안 된다. 진정한 목자는 자신을 온전히 비울 때 이루어진다.

목자장이신 주님이 그날에 판단하실 것이다(벧전 5:4). 그러므로 그는 절대 주장하는 자세로 양들을 이끌면 안 된다(벧전 5:3). 억지로 하는 것도 아니다(벧전 5:2).

베드로는 형제들 앞에서 주님과 일대일로 면담하던 그날을 결코 잊지 않았다(요 21:15-17). 목자는 자기 기분이나 취향이나 욕망을 따라 하는 것이 아니다. 그는 결심하였다. 이제 주를 위하여 살고 주를 위하여 죽으리라. 자신의 것은 하나도 없다. 오직 주님께서 판단하실 것이기에 하나님의 뜻에 따라 일할 뿐이다(벧전 5:2).

"나는 참으로, 하나님께서는 사람을
외모로 가리지 아니하시는 분이시고,
하나님을 두려워하며, 의를 행하는 사람은
그가 어느 민족에 속하여 있든지,
다 받아 주신다는 것을 깨달았습니다.
예수 그리스도는 만민의 주님이십니다."

_사도행전 10:34-36

베드로의 인종적 회심이란?

베드로는 예수님의 제자로 부름받았을 때 인간적 야망과 욕심이 있었다. 세베대의 아들 야고보와 요한이 예수님께 좌우편 자리를 달라고 요청하였을 때 베드로는 분노하였다(막10:35-41). 자신은 예수님의 오른팔이고 수제자라고 자부하였는데, 야고보와 요한이 선수치는 것을 보고 주제넘다고 생각했을 수 있다. 아무튼 그는 예수님이 십자가를 지는 순간까지 자기만을 생각하는 편협함을 보였다.

그런 그가 예수님께서 부활 승천하신 후 이기적인 욕심을 버리고 주를 위하여 헌신하기로 다짐하였다. 그는 예루살렘 교회를 이루는 데 중심 역할을 하였다. 그것은 그의 강력한 리더십 때문이 아니었다. 그는 자신을 내려놓고 오직 주님을 위하여 쓰임받기를 소망하였다. 그의 내려놓음이 역설적으로 그에게 리더십을 주었다.

오순절 성령강림 사건으로 베드로는 하나님의 은혜에 사로잡히고 쓰임받는 사역자가 되었다. 그의 한 번 설교에 3,000명이 회개하였다. 그중에는 유대와 사마리아뿐만 아니라 멀리 아프리카 알렉산드리아와 이집트, 리비야, 메소포타미아, 갑바도기아, 본도, 아시아, 브루기아, 밤빌리아, 아라비아, 로마 등 다양한 나라에서 온 사람들이 있었다.

이 사건은 단순하지 않다. 예수님이 말씀하신 바대로 예루살렘과 유대와 사마리아와 땅끝까지 복음이 전파되는 순간이었다. 민족과 나라와 열방과 인종과 언어를 초월해서 모두 하나님의 말씀으로 하나가 되었다. 베드로는 그때 깨달아야 했다. 이제 복음은 민족을 초월하고 인종을 초월한다는 사실을 인식해야 했다. 베드로뿐만 아니라 예루살렘 교회도 깨달아야 했다. 그러나 그들은 그렇게 하지 못했다.

그들이 민족적 편견의 벽을 뛰어넘기는 아직 어리고 약하였다. 그들은 유대와 이방의 혼혈족속인 사마리아조차도 수용하지 못하였다. 하나님께서는 스데반 집사의 순교라는 극약 처방을 통하여 믿는 성도를 사방으로 흩으셨다.

"그날에 예루살렘에 있는 교회에 큰 박해가 있어 사도 외에는 다 유대와 사마리아 모든 땅으로 흩어지니라."(행 8:1)

그때 사마리아로 내려간 빌립 집사가 복음을 전파하였고 거기 예수 믿는 사람이 생겨나기 시작했다. 그 소식을 들은 예루살렘 교회는 소동이 일어났다. 그럴 리가 없다. 그럴 수 없다. 편견에 사로잡힌 보수파는 사마리아인들이 그리스도를 믿는다는 사실을 받아들이기 어려웠다. 그들이 베드로와 요한을 대표로 세우고, 진상을 조사하도록 하였다.

진상을 조사하도록 보낸 의도는 두 가지이다. 하나는 보다 엄격하고 완고한 보수주의 입장을 대변해서 사마리아인들이 교회로 들어오는 것을 막았으면 하는 바람이다. 다른 하나는 가말리엘이 가졌던 태도처럼 하나님의 역사하심에 순종하며 나아가자는 쪽이다.

베드로와 요한이 내려가서 보니 상황이 모호하였다. 하나님의 말씀을 받고 믿기는 하였지만, 아직 성령을 받지는 못하였다. 이렇게도 할 수 있고, 저렇게도 할 수 있는 상황이었다(행 8:14-16). 그때 베드로는 사마리아인들이 성령받기를 위하여 간절히 기도하였다. 그것은 그의 선택이었다. 역사는 하나님이 하시지만, 쓰임받는 것은 사람이다. 베드로는 사마리아 선교로 말미암은 열매를 그렇게 공인하였다.

그러나 예루살렘 교회는 아직도 이방인에게 복음을 전하는 데 주저하였다. 그만큼 민족적 편견은 깨기 힘들었다. 주님께서는 이방인 고넬료를 전도하기 위해 베드로를 욥바로 보냈다. 완고한 베드로의 민족적 편견을 깨기 위한 계획이었다.

유대인의 음식은 '코셔(kosher)'로서 율법에 따라 음식 재료를 선택하고 조리한다. 베드로도 코셔만 먹었다. 그러나 하나님께서는 환상 중에 먹지 못할 음식을 먹으라고 세 번이나 요구하심으로써 그가 얼마나 민족적 편견에 사로잡혀 있는지 보여주셨다. 그 일을 계기로 베드로는 고넬료의 집에서 하나님의 복음을 전파하였다. 베드로는 설교를 통하여 자신이 민족적 편견을 깨트렸음을 고백하였다.

"나는 참으로, 하나님께서는 사람을 외모로 가리지 아니하시는 분이시고, 하나님을 두려워하며, 의를 행하는 사람은 그가 어느 민족에 속하여 있든지, 다 받아 주신다는 것을 깨달았습니다. 예수 그리스도는 만민의 주님이십니다"(행 10:34-36).

베드로는 이방 선교의 신학적이며 이론적 근거를 확실하게 천명하였다. 흔히 이방 선교는 바울이 문을 연 것처럼 오해하지만, 사실은 베드로이다. 하나님께서는 베드로를 통하여 사마리아 선교의 문과 이방 선교의 문을 여셨다. 베드로를 통하여 민족적 편견의 벽을 뛰어넘게 하셨다. 베드로의 역할은 예루살렘 회의를 통하여 더욱 분명하게 드러난다.

바울과 바나바의 선교로 이방인들이 예수를 믿기 시작하자 할례와 율법 문제가 교회에 등장하였다. 바리새파 사람 중 믿는 사람들이 일어나서, 이방인도 교회 안에 들어오기 위해서는 할례를 받고 모세의 율법을 지켜야 한다고 주장하였다. 이에 예루살렘 회의가 열리고 이 문제를 어떻게 처리해야 할지 격론이 벌어졌다(행 15:7). 오랜 논쟁과 토론 끝에 베드로는 말하였다.

"하나님께서는 그들의 믿음을 보셔서 그들의 마음을 깨끗하게 하시고, 우리와 그들 사이에 아무런 차별을 두지 않으셨습니다. 그런데 지금 여러분은 왜 우리 조상이나 우리가 다 감당할 수 없던 멍에를 제자들의 목에 메워서, 하나님을 시험하는 것입니까? 우리가 주 예수의 은혜로 구원을 얻고, 그들도 꼭 마찬가지로 주 예수의 은혜로 구원을 얻는다고 우리는 믿습니다"(행 15:9-11).

베드로의 선언으로 토론은 끝났다. 그리고 이방 그리스도인들이 유대 전통을 따라 할례를 받거나 모세의 율법을 지킬 필요가 없게 되었다. 그렇게 이방 선교의 문이 활짝 열렸다. 바울이 갈라디아서에서 전하는 바에 따르면, 예루살렘 회의를 통하여 바울은 할례받지 않은 사람에게, 베드로는 할례받은 사람에게 복음을 전하기로 분담하였다고 한다(갈 2:8).

이후 베드로의 행적은 분명하지 않다. 그는 바울과 합의한 대로 유대인 선교를 먼저 했을 것으로 짐작한다. 그러나 주께서 그에게 주신 선교 명령, 즉 땅끝까지 복음을 전하라는 명령에 자신만 뒷전에 서 있을 수 없다고 생각하였다. 그는 예루살렘 교회 공동체의 지도자 역할을 야고보에게 넘기고 자신도 바울처럼 선교 일선에 뛰어들었다.

그가 이방 선교에 헌신했던 모습을 베드로전후서를 통해서 볼 수 있다. 베드로의 편지를 받는 사람은 명백히 이방인들이다. 그가 언급한 본도, 갈라디아, 갑바도기아, 아시아, 비두니아는 현재의 터키 전 지역을 아우른다. 사실 바울도 이 지역에서 선교하기를 간절히 원하였지만, 하나님께서는 허락하지 않고 유럽에서 복음을 전하게 하셨다. 짐작건대 이 지역에는 베드로가 열심히 사역을 감당하고 있기 때문이 아닌가 생각할 수도 있다.

베드로는 이방 선교의 문을 열었을 뿐만 아니라 이방 선교를 위하여 헌신하였다. 그것도 지위와 명예와 재산이 있는 기득권층을 대상으로 한 것이 아니라 "흩어진 나그네", 세상에서 멸시와 천대를 받는 뜨내기 이방인들을 대상으로 복음을 전하였다.

베드로는 이기적인 욕심에서 출발하고, 민족적 편견에서 출발하였지만, 예수 그리스도를 통하여 점진적으로 자신의 잘못된 생각과 편견을 깨트리고 복음 전파자로 설 수 있었다.

예수를 믿는다고 단번에 민족적 편견과 고집이 깨지지 않는다. 주어진 상황에서 하나님의 인도하심과 섭리하심을 자세히 살피며 순종할 때 비로소 하나님의 사람으로 온전히 설 수 있게 된다. 베드로의 인종적 회심을 보면서, 오늘 우리는 어떤 인종적 회심을 해야 할까 고민하는 것이 선교적 그리스도인이 되는 발걸음이라고 생각한다.

베드로서의 사회적 책임이란?

현대 사회는 다원화 사회이다. 지역, 신분, 세대, 계층, 이념, 문화, 종교 간의 다양성이 존재한다. 그러기에 더욱 소통이 필요하지만, 현실은 오히려 불통의 시대이다. 무엇보다 기독교가 소통과 화해와 평화를 선도해 가야 하는데 과연 그 사명을 제대로 감당하는지 의문이 들 때가 있다.

베드로 사도가 살았던 시대는 지금보다 훨씬 복잡하고 다원화된 사회였다. 여러 민족과 언어와 종교와 인종이 '로마'라는 한 울타리 안에 존재하였다. 로마의 강압적 권력에 의해 하나가 되긴 했지만, 내심 그들은 서로 차별하고 갈등하고 소외하고 박해하였다. 베드로 사도는 불신 사회에서 그리스도인이 어떻게 세상과 소통하며 공존할 수 있을지 고민하며 편지를 썼다.

베드로 사도는 먼저 그리스도인의 정체성을 "흩어진 나그네"로 규정하였다. 바울은 그리스도인을 언제나 "부르심을 입은 자들"로 규정한 것과는 결이 다르다. 고펠트(Leonhard Goppelt, 1911-1973)는 '바울은 기독교인의 실존을 수직적 차원에서 서술하였다면, 베드로는 수평적 차원에서 서술하였다'고 설명한다. 베드로는 믿음의 공동체가 가지는 사회적 차원을 생각하면서 편지 썼음이 분명하다.

베드로는 출애굽 공동체를 연상하면서 초대교회 공동체의 성격을 정의하였다. 그는 출애굽할 때 허리에 띠를 띠고 유월절 음식을 먹은 것을(출 12:11) 생각하면서 "너희 마음에 허리를 동이"(벧전 1:13)라고 하였다. 그는 출애굽 백성처럼 초대교회 성도 역시 "택하심을 입은 자"(벧전 1:2)요 "하나님의 백성"(벧전 2:9)이라고 하였다. 그는 세상에서 고난받으며 행진하는 하나님 나라 공동체를 생각하였음이 분명하다.

구약 이스라엘 백성은 출애굽하여 하나님께서 주신 가나안 땅으로 들어가 하나님 나라를 건설하는 사명을 받았다. 그러나 초대교회 공동체는 세상(이집트) 안에서 하나님 나라를 완성해야 하는 더욱 어려운 과제를 가졌다. 구약의 출애굽은 지리적 이동으로 끝났지만, 신약 교회는 지리적 이동뿐만 아니라 믿음의 이동도 해야 한다.

그들은 지금까지 살아왔던 사회에서 벗어나 새로운 사회, 새로운 나라를 만들어야 한다. 이것은 새로운 실존적 인식을 요구한다. 그들은 세상 안에 살지만, 세상에 속하지 않으며, 선한 행실로 세상에 본을 보이며 살아야 한다. 그들의 목적은 세상 나라가 아니라 하나님 나라의 완성이다. 『마지널리티』를 쓴 이정용 교수는 '양자 부정과 양자 긍정'이란 용어를 사용하여 이 부분을 설명한다. 그리스도인은 어디에 살든지 자신이

101

나그네와 행인이란 사실을 늘 염두에 두어야 한다. 그들은 지금까지 살아오던 삶의 방식을 버려야 한다. 그리스도인에게 삶의 중심은 그리스도이시다. 그리스도 중심의 삶을 통해 세상에 영향력을 끼쳐야 한다.

베드로는 세상에 사는 그리스도인의 현실을 부정하지 않았다. 그는 불신 가정에 결혼한 여성에게 이혼을 요구하지 않았다. 구약의 에스라와 느헤미야는 불신 결혼 가정에 이혼을 강력하게 요구하였다. 그들은 혈통과 종교의 순수성을 지키기 위하여 엄격한 율법 준수를 가르쳤다. 그러나 초대교회 지도자들은 세속 사회의 관습과 전통을 부정하지 않았다. 그렇다고 무조건 수용하지도 않았다.

베드로는 하나님의 자녀가 세상과 소통할 수 있는 중요한 두 가지 수단을 강조하였다. 하나는 선한 양심이요 다른 하나는 선한 행실이다. 일반적으로 양심은 인간의 자율적인 판단을 뜻한다. 베드로는 그냥 양심이라 하지 않고 "하나님을 향한 선한 양심"(벧전 3:21)이라 하였다. 베드로는 그리스도인이 자신의 행동을 자율적으로 판단하되 그 방향과 기준은 하나님이었다. 하나님께서 이 땅에 세우시려는 나라, 하나님 나라의 가치 이념인 사랑, 평화, 자유를 이루기 위한 판단이어야 한다.

선한 양심은 반드시 선한 행실로 이어져야 한다. 베드로 사도는 불신 가정에 결혼한 여성을 향하여 "정결한 행실"과 "선한 행실"(벧전 3:2,6)을 하라고 권면하였다. 그는 여성만 아니라 모든 그리스도인에게 같은 요구를 하였다(벧전 3:11,13,16,17). 선한 양심과 선한 행실은 세상과 소통하는 통로이다.

'하나님을 향한 선한 양심'은 불완전하지만, 불신자들이 가진 양심과 소통할 수 있는 통로가 된다. 불신자들 역시 '선한 행실'을 볼 줄 아는 눈이 있다. 선한 양심과 선한 행실을 본 불신자들은 그리스도인에게 다가와 질문할 것이다. "당신들의 삶의 원리는 무엇이오? 어떻게 해서 이런 고귀한 삶을 살 수 있습니까?" 베드로는 이렇게 썼다. "너희 마음에 그리스도를 주로 삼아 거룩하게 하고 너희 속에 있는 소망에 관한 이유를 묻는 (불신)자에게는 대답할 것을 항상 준비"(벧전 3:15)하라!

초대교회는 혁명보다 개혁을 선택하였다. 바울과 베드로는 여성해방이나 노예 해방을 말하지 않았다. 만일 그들이 현대적 인권 개념을 말했더라면, 기독교는 지금까지 존재할 수 없었을 것이다.

기독교는 단번에 모든 것을 완성하는 것이 아니다. 주어진 상황을 주의 깊게 살펴보면서 언제나 개혁 정신을 가지고 시대를 이끌어야 한다. 그러므로 그리스도인은 죄악된 세상에서 그리스도인이 어떻게 살아야 하는지 늘 고민하고 갈등하는 사람이다.

베드로가 말한 선한 행실은 현실에 타협하고 적응하며 살라는 뜻이 아니다. 그것은 그 당시 사회가 결코 생각하지 못하고, 이룰 의지도 없는 세상 곧 하나님 나라를 꿈꾸는 자로서 선한 행실을 하라는 뜻이다. 베드로는 기존 제도와 질서에 머물라는 것이 아니라 오히려 그것을 비판적으로 바라보며 책임 있고 건설적인 태도로 사회를 이끌라고 역설하였다. 이 일을 위한 중심축이 "하나님을 향한 선한 양심"과 그에 따른 "선한 행실"이다. 이것이 바로 그리스도인의 삶이고 길이다.

진리는 진리를 아는 데 있지 않고
진리가 되는 데 있다.

진리를 아는 것은 진리가
됨으로써 자연스럽게 따라오는
현상이다. 그 역순은 아니다.

따라서 진리를 아는 것이 진리가
되는 것과 분리되어 있을 때
그 진리는 진리가 아니다.

— 키에르케고어

베드로후서는 거짓뉴스?

베드로후서의 중심 주제 중 하나는 진실과 거짓의 문제이다. 초대교회에 벌써 거짓 교사들이 교회를 어지럽히고 있었다. 그들은 교회 안으로 가만히 들어와 주를 부인하는 자들이었다(벧후 2:1).

거짓 선생들이 가르친 주된 내용은 종말론적 회의론이었다. 예수 그리스도께서 재림하신다는 약속을 하셨지만, 그런 일은 없다고 주장하였다(벧후 3:4). 그들은 하나님께서 역사에 개입하실 일은 없으며, 하나님 말씀이 성취될 일도 없다고 가르쳤다(벧후 3:5). 한마디로 말씀에 대한 부정이다. 이는 초대교회에 심각한 위협이었다.

사도 베드로는 자신의 죽음이 가까웠음을 인식하였다(벧후 1:14). 실제로 그는 주후 60년대 중반 네로 박해기에 순교하였다. 그는 마지막 유언장처럼 베드로후서를 기록하였다. 그가 처음 쓴 베드로전서는 특별한 지역 즉, 본도, 갈라디아, 갑바도기아, 아시아와 비두니아에 흩어진 나그네 그리스도인을 대상으로 편지하였다. 그러나 베드로후서는 특정 지역을 언급하지 않고 모든 그리스도인을 향하여 썼다(벧후 1:1).

그는 임박한 죽음 앞에서 특별히 관심 두는 지역의 그리스도인만이 아니라 모든 그리스도인에게 마음을 담아 썼다. 그것은 지역을 초월할 뿐만 아니라 시대를 초월해서 모든 그리스도인에게 주는 교훈이다. 그 교훈은 거짓 선생을 주의하라는 것이다. 긍정적으로 표현하자면, 그리스도인은 진실을 추구하는 사람이 되라는 뜻이다.

오늘날 이 시대는 거짓의 시대이다. 이스라엘의 역사학자 유발 하라리는 이 시대뿐만 아니라 인간 자체가 거짓의 종자라고 하였다. 그는 말하였다. "인간은 늘 탈진실(거짓)의 시대를 살아왔다. 호모 사피엔스는 탈진실의 종이다. 호모 사피엔스 특유의 힘은 허구를 만들고 믿는 데서 나온다." 미국의 작가 랄프 키이스(Ralph Keyes)는 현대인이 자신의 부정직을 어떻게 숨기고 포장하는지 말한다. "우리는 더 이상 거짓말을 하지 않는다. 대신 우리는 잘못 말하거나, 과장하거나, 판단 착오를 하거나, 진리에 인색하거나, 잊어버리거나, 요령 없이 반응했을 뿐이라고 변명한다."

예수님은 말씀하셨다. "너희는 너희 아비 마귀에게서 났으니 너희 아비의 욕심대로 너희도 행하고자 하느니라 그는 처음부터 살인한 자요 진리가 그 속에 없으므로 진리에 서지 못하고 거짓을 말할 때마다 제 것으로 말하나니 이는 그가 거짓말쟁이요 거짓의 아비가 되었음이라"(요 8:44).

사단은 진리를 말하지 않고 거짓을 말한다. 인간은 거짓의 아비인 사단의 자식이다. 그런 면에서 유발 하라리의 지적은 옳다. 인간의 학문은 의심과 불신에서 시작한다. 현대 지성인의 가장 큰 특징은 불신이다. 믿지 못하겠다는 태도가 학문하는 방법이다. 놀랍게도 성경학자들도 이러한 방법을 그대로 사용한다.

성경학자 중 상당수는 베드로후서의 저자가 베드로가 아니라고 한다. 그런 주장을 하는 이유는 여러 가지다. 첫째 베드로전서와 후서의 헬라어 문체가 다르다는 이유다. 둘째 베드로후서와 유다서의 문체는 상당히 유사하다는 이유를 들어 베드로후서가 유다서를 인용하였다고 한다. 그리고 초대 교부들이 베드로후서를 거의 인용하지 않은 것으로 보아 베드로후서의 정경성이 의심스럽다고 한다.

그들은 누군가 베드로의 이름을 이용하여 쓴 위경이나 가경일 것이라고 주장한다. 그러한 주장의 근거로 베드로 이름을 사용한 위경과 가경이 많다고 한다. 이를테면 베드로 묵시록, 베드로 행전, 베드로 어록집, 베드로의 빌립보서 등이다.

나는 그들의 이론을 자세히 읽어보면서 한 가지 결론을 내렸다. 그들의 주장이 나름 그럴 듯하지만, 그 어느 것 하나 확실한 증거는 없고 추측과 가정과 가설뿐이다. 초대 교부 중 한 명인 제롬은 베드로전후서의 문체가 다른 이유는 대필자가 달랐기 때문이라고 설명한다.

사실 베드로는 글을 쓸 줄 모르는 사람으로 베드로전서는 실루아노가 대필했다고 밝힌다(벧전 5:12). 베드로후서의 대필자가 누구인지 밝히지 않아서 모르지만, 아마도 후서 역시 누군가 대필했을 것이라고 제롬은 말한다. 따라서 문체가 다를 수밖에 없다. 유다서와 베드로후서는 유

107

사한 점이 상당 부분 있다. 그러나 유사성을 근거로 베껴 썼다거나 인용했다고 하면 성경 66권은 모두 서로 베껴 썼다고 보아야 한다.

나는 이런 학자들의 주장을 조목조목 비판하며 방어하고 싶은 마음이 없다. 베드로후서는 저자가 베드로임을 스스로 밝히기 때문이다. 1절을 보면 "예수 그리스도의 종이며 사도인 시몬 베드로는 우리 하나님과 구주 예수 그리스도의 의를 힘입어 동일하게 보배로운 믿음을 우리와 함께 받은 자들에게 편지하노니"하였다. 그는 주님께서 그에게 죽음의 길을 보여주셨다고 말한다(벧후 1:14). 그리고 변화산에서 예수님께서 영광 중에 변모하심을 보았다고 쓴다(벧후 1:16-18). 그는 바울에 대해 아주 친근하게 표현하기를 "우리가 사랑하는 형제 바울"이라고 하였다(벧후 3:15).

무엇보다 베드로후서의 강조점은 거짓 선생의 거짓된 가르침에 대하여 경계한다. 만일 저자가 베드로가 아니면서 그저 베드로를 흉내낸 편지라면 베드로후서의 가르침이 무슨 힘이 있겠는가? 자신이 먼저 거짓으로 편지하면서 성도들에게 진실하라고 말할 수는 없다. 키에르케고어는 말하였다. "진리는 진리를 아는 데 있지 않고 진리가 되는 데 있다. 진리를 아는 것은 진리가 됨으로써 자연스럽게 따라오는 현상이다. 그 역순은 아니다. 따라서 진리를 아는 것이 진리가 되는 것과 분리되어 있을 때 그 진리는 진리가 아니다." 가짜 베드로가 진짜 베드로인 것처럼 위장하여 편지했다면, 그 편지가 아무리 진리라 할지라도 그것은 진리일 수 없다.

예전에 〈K 팝스타〉 프로그램을 본 적이 있다. 심사위원은 노래하는 사람에게 끊임없이 주문하였다. "진정성 있게 노래하라!" 그 말은 진정성을 가장하라는 말이 아니라 진심으로 노래하라는 뜻이다. 마음과 생각과 행동과 눈빛, 손동작 하나하나가 모두 진실하라는 뜻이다. 세상이 아무리 거짓을 좋아하고, 거짓을 판매한다 할지라도 그들이 정말 원하는 것은 진실이다. 가장 세속적인 텔레비전 프로그램에서도 진실을 요구한다.

하나님은 우리에게 진실을 요구하신다. "너희는 지극히 선한 것을 분별하며 또 진실하여 허물없이 그리스도의 날까지"(빌 1:10) 이르라고 요구하신다. 거짓된 세상에서 진실하게 살기는 쉽지 않다. 인간은 허물과 잘못이 많기 때문이다. 그렇지만 인간이 진실을 외면할 때 세상은 더욱 부패하고 악해진다.

토마스 아퀴나스는 말하였다. "서로 진실을 말하면서도 그것을 믿지 못한다면, 함께 사는 것은 불가능하다." 진리는 진실하게 전달할 때 힘이 있는 법이다. 결코 거짓이 진리를 전달할 수 없다.

베드로후서는 거짓을 경계하고 진실함으로 진리를 전달하는 편지이다. 그런 편지를 거짓으로 몰고 가려는 현대 성경학자들은 과연 어떤 사람들인가? 그것은 베드로가 그의 편지에서 극히 경계하는 하나님의 말씀을 믿지 않고, 진리이신 말씀을 거짓으로 만들려는 자들의 행태와 다를 바가 하나도 없다. 김교신은 말하였다. "기도는 하나님과 사람 사이의 진실을 교환하는 것이다."

참고도서

1. 유발 하라리, 『21세기를 위한 21가지 제언』, 전병근 옮김, (김영사: 서울) 2018년
2. 크리스틴 폴, 『공동체로 산다는 것』, 권영주, 박지은 옮김 (죠이선교회 : 서울) 2016년
3. 김교신, 『김교신전집 1 인생론』, 노평구 엮음, (도서출판 부키 : 서울) 2001년
4. 아브라함 요수아 헤셸, 『진리를 향한 열정』, 이현주 옮김, (종로서적 : 서울) 1985년

희망의 가르침, 베드로전서

흩어진 나그네

"예수 그리스도의 사도 베드로는 본도, 갈라디아, 갑바도기아, 아시아와 비두니아에 흩어진 나그네"(벧전 1:1). 고국을 떠나 멀리 미국 땅에 오니 베드로 사도가 "흩어진 나그네"에게 편지 쓴 이 글이 가슴에 와닿는다. 초대교회 교인들은 뿔뿔이 흩어져 살았다. 고대 사회에서 자기 공동체를 떠나 산다는 것은 곧 죽음을 의미한다.

우리는 신약성경이 마치 어제 일어난 일인 듯 착각할 때가 많다. 무려 2,000년 전 일이다. 우리나라로 말하면 박혁거세(BC 69?~AD 4?)가 막 신라를 개국할 때 쯤이다. 그때는 자유롭게 여행하고 모험하던 시대가 아니었다. 자기 동네 근처 100리를 벗어나 보지 못하고 죽는 경우가 허다했다. 지중해 지역은 신라보다 문화가 발달했다지만, 공동체를 떠나 다른 곳에서 사는 경우는 흔치 않았다.

한글개역 성경에 "나그네" 혹은 "행인"으로 번역한 헬라어 '파로이코이(πάροικοι, 나그네)'는 문자적으로 볼 때 '다른 사람 집에 빌붙어 사는 이방인'이란 뜻이다. 노예는 아니지만, 시민권을 갖지 못해 정치, 사회, 경제적으로 차별받는 사람을 가리킨다.

고고학적 발굴에 의하면 '파로이코이'는 원 지역 주민과 달리 지역적 뿌리가 없고 민족도 다르며, 언어와 문화도 다르고 정치적으로나 종교적인 충성도 달랐기 때문에 이들은 흔히 기존 질서를 위협하는 존재로 간주되었다. 파로이코이는 언제나 지역 주민의 두려움과 불신의 대상이었고, 비방, 차별, 착취를 당했다.

성경은 하나님 백성의 정체성을 나그네로 규정하였다. 아브라함은 정든 고향을 떠나 갈 바를 알지 못하고 떠난 나그네였으며, 이스라엘 백성은 먼 타향 이집트에서 종 생활을 하였다. 구약 4,000년 역사에 이스라엘이 나라를 가지고 산 것은 불과 약 500년 정도이다. 무려 3,500년 동안 나라 없는 백성이었다. 신약 2,000년을 합치면 5,000년이 넘는 기간 동안 그들은 실질적으로 나그네였다. 설움과 멸시와 천대와 경제적 착취와 억압과 죽음과 공포와 근심 속에 살아야 하는 나그네였다.

베드로 사도는 초대 교인의 정체성을 "흩어진 나그네"로 규정하였다. 성경학자들은 '나그네'를 '영적 순례자'로 해석하는 경우가 있다. 그들은 이 땅에서 설움받는 난민의 삶, 방향도 목적도 없이 방황하던 나그네의 삶을 살아 보지 못했기 때문에 그렇게 멋진 말로 나그네를 설명한다. 그러나 베드로 사도가 말하는 나그네는 영적 의미도 있지만, 실존적 의미를 가진다. 요즘 말로 하면 흩어진 나그네는 난민, 이방인, 이주민, 외국

113

노동자, 불법 체류자, 탈북자, 노숙자, 정체불명 뜨내기이다.

세상에서 온갖 멸시와 천대를 받는 그들은 어떤 꿈을 꾸었을까? 세상에서 성공하고 승리하는 꿈이었을까? 아니다. 세상을 뒤엎는 혁명을 꿈꾸었을까? 그럴 리 없다. 그럴 힘도 없고 의지도 없었다. 그럼 그들은 아무런 꿈도 꾸지 않고 되는 대로 인생을 살았을까? 아니다.

베드로의 편지는 처음 그리스도인의 모습과 비전을 보여준다. 하나님께서는 그들을 선택하셨고, 그들을 위하여 독생자 예수 그리스도를 보내주셨고, 그들의 아픔과 허물과 문제를 모두 끌어안으시고, 그들을 대신하여 십자가에 달려 죽으셨다. 예수님의 죽으심은 패배가 아니요 절망도 아니었다. 사망 권세를 깨뜨리고 부활하심으로 새로운 하나님 나라의 소망을 주셨다. 그것은 약한 자를 들어 강한 자를 부끄럽게 하시는 하나님의 역사요, 죽음으로 가득한 세상에서 부활의 산 소망을 가지게 하는 역사이다.

"하나님 아버지께서 여러분 각자를 눈여겨보시고, 성령의 역사로 말미암아 예수의 희생을 통해 여러분을 순종하는 사람이 되게 하기로 작정하셨습니다"(벧전 1:2, 메시지성경).

순종하는 사람은 어떤 사람일까? 그들은 세상의 논리나 풍조에 순종하는 사람이 아니다. 그들은 변두리인으로서 중심에 들어가 힘 자랑하고 돈 자랑하며 경쟁할 마음이 전혀 없었다. "하나님께서 세상의 미련한 것들을 택하사 지혜 있는 자들을 부끄럽게 하려 하시고 세상의 약한 것들을 택하사 강한 것들을 부끄럽게 하려 하시며 하나님께서 세상의 천한 것들과 멸시 받는 것들과 없는 것들을 택하사 있는 것들을 폐하려 하시"

는 하나님을 순종하는 자들이다. 그들은 하나님의 논리, 하나님의 말씀, 하나님의 비전, 하나님의 생각에 동의하고 순종하는 사람들이다.

세상 것을 포기하고 예수 그리스도를 주님으로 모시고 사는 사람이 얼마나 복된 사람인지 알라고 베드로는 말한다.

"우리 주 예수의 아버지 하나님을 모신 우리는 얼마나 복된 사람들인 지요! 예수께서 죽은 자들 가운데서 다시 살아나심으로 우리는 전혀 새로운 생명을 받았고, 가장 중요한 삶의 목적을 얻게 되었습니다. 또한 하늘에 간직된 미래까지 보장받았습니다. 그 미래가 이제 시작되고 있습니다"(벧전 1:3-4, 메시지성경).

그리스도인에게 주어진 삶의 목적과 방향은 세상이 아니다. 그것은 하나님 나라이다. 그들은 예수 그리스도 안에서 이미 하나님 나라를 사는 사람들이다. 세상 사람과는 전혀 다른 하나님 나라의 사고방식과 가치관과 세계관을 가진 사람이다. 그들은 하나님 나라를 만들고 확장하는 사람들이다. 하나님 나라를 이루기 위해서 고난과 고통과 시련이 반드시 다가올 것을 그들은 예상했다.

"순금은 불 속을 통과해야 순금인 것이 입증됩니다. 참된 믿음도 시련을 겪고 나서야 참된 믿음인 것이 입증됩니다"(벧전 1:7 메시지 성경).

기독교는 결코 강자의 종교가 아니었다. 주류 기득권의 종교가 아니었고 힘있고 권세있는 자의 종교가 아니었다. 기독교는 난민의 종교였고, 버림받은 자의 종교였고, 죄인의 종교였다. 그런데도 그들은 이 세상에서 기죽지 아니하고 당당하였다. 힘 자랑하고 돈 자랑하고, 권세 자랑하는 세상에서 진정한 행복과 사랑이 넘치는 새로운 세상, 대안 공동체를 꿈꾸고 만들려고 하였다. 그게 초대교회였다.

결단코 이 세상을 기독교 국가로 만들겠다는 꿈을 꾸지 않았다. 전 국민이 예수 그리스도를 믿고 기독교 사회가 되고 기독교 법이 제정되는 것을 꿈꾸지 않았다.

그런 식의 꿈은 콘스탄틴 황제를 통하여 권력을 맛본 기독교가 중세 천 년 동안 기독교 제국을 이루면서 만들었던 환상이다. 나와 다르면 이 단으로 정죄하고, 종교 재판으로 가차 없이 죽여버리는 기독교 제국이다. 사회에 부적응자, 난민, 장애인, 외부인, 정체불명 뜨내기들을 마녀 사냥하는 기독교 제국이다. 식민지 개척 시대 약소국을 기독교 국가로 만들겠다는 명분으로 총과 대포를 가지고 침략하던 모습이다.

그렇게 해서 기독교 국가를 만들면 좋을까? 1860년 스웨덴은 독특한 법을 만들었다. 국민이 교회를 떠나는 것을 금하는 법이었다. 기독교 법이 발효되고, 기독교 사회가 만들어지고, 기독교 국가가 되면 어떨까? 현재 스웨덴 교회는 이름만 남은 껍데기 교회로 전락하였다. 스웨덴만 그런 것이 아니다. 기독교 국가라 자랑하던 유럽 대부분의 나라가 이제 기독교를 버렸다. 교회는 관광명소가 되었다.

불행한 사실은 지금 한국 기독교가 서양이 만들다 실패했던 기독교 국가를 만들려고 한다. 이곳에 기독교 사회를 만들고 기독교 법을 제정하고 싶어 안달이다. 그들에게 선한 의도가 있음을 인정한다. 그러나 그것이 하나님께서 만드시려는 하나님 나라일까? 서울을 하나님께 바치는 행사를 대대적으로 하면 하나님이 기뻐하실까? 한라에서 백두까지 십자가 깃발을 꽂고, 오천만 가슴속에 복음이 들어가면, 이 땅이 하나님 나라가 될까?

본도, 갈라디아, 갑바도기아, 아시아와 비두니아에 흩어진 나그네들은 기독교 제국을 꿈꾸지 않았다. 모든 사람이 머리 숙여 세례받는 꿈을 꾸지 않았다. 그들은 한 명이라도 좋으니 참되고 진실한 그리스도인을 원하였다. 그들은 절대 강자가 되어 모든 불신자를 무릎 꿇리고 싶어하지 않았다.

하나님 나라는 약할 때 강해지는 법이다. 한없이 약해지고 핍박 받는 모습 속에서 버텨내고 살아내면서 하나님 나라를 추구하던 사람들이 초대 그리스도인이었다. 그들 그리스도인이 꿈꾸고 만들려고 한 하나님 나라는 세상과 전혀 다른 그리스도의 사랑으로 가득한 공동체이다.

"여러분은 하나님의 생명으로 빚어진 생활방식을 따라 거룩함으로 빛나는 힘찬 삶을 살아가십시요"(벧전 1:16, 메시지 성경). "지금 주님을 볼 수 없지만, 그분을 신뢰하며 기뻐 찬송합시다"(벧전 1:8 메시지 성경).

말로 다할 수 없는 고통 속에서도 기뻐하고 찬송하던 처음 그리스도인이 가졌던 삶의 자세를 배웠으면 한다. 약자의 종교인 기독교를 제발 잊지 않았으면 좋겠다.

참고도서

1. 최원준, 『거룩한 나그네들을 위한 서신』 두란노 How 주석 '야고보서 벧전후, 유다 (두란노: 서울) 2009년
2. 마이클 프로스트, 『새로운 교회가 온다』 지성근 옮김, (IVP: 서울) 2009년

"하나님께서는 여러분이 전에 몸담고 살았던 막다른 삶,

아무 생각 없이 살아온 그 삶에서 여러분을 건져내기 위해

큰 값을 치르셨습니다."

_벧전 1:18-19, 메시지 성경

기독교는 나그네 종교

베드로전서를 읽으면 자꾸 눈물이 난다. 흩어져 나그네로 살았던 초대교회 교인들이 떠오르기 때문이다. 그들은 왜 흩어져 살아야 했을까? 고향에서 쫓겨난 것은 아닐까? 자기 동네에서 살지 못할 어떤 이유가 있어서 밀려난 것은 아닐까?

그들이 흩어져 살던 동네는 생전 처음 보는 낯선 곳이었다. 얼굴도 낯설고, 문화도 낯설고, 언어도 낯설고, 모든 것이 낯설었다. 배워야 할 것이 너무 많았지만, 아무리 배워도 그들은 여전히 이방인이었다.

미국에 와 보니 영어 잘한다고 미국 주류 사회에 들어갈 수 있는 것이 아님을 알았다. 피부색이 다르므로 어쩔 수 없이 주변부에 살아야 하는 한인 교포의 설움을 보았다. 나그네로 살아가는 사람은 조그만 관심과 사랑에도 감동하고 눈물 흘린다.

힘없고 약한 그들이 하나로 모여 살면서 한인 타운을 만들고 한인 교회를 만드는 것은 자연스러운 일이다. 본도, 갈라디아, 갑바도기아, 아시아와 비두니아에 흩어진 나그네가 몇 명이든지 모여서 공동체를 이룬 것 또한 자연스러운 일이다.

초대교회는 공동체였다. 베드로 사도는 계속하여 '너희(복수)'라고 말한다. 성경을 주의 깊게 읽으면, 개인에게 주는 말씀이 아니라 공동체인 '너희'에게 주신 말씀이라는 사실을 발견한다. 개인주의에 함몰된 우리는 성경을 자꾸 '나(개인)'에게 적용하려고 한다. 아니다. 성경은 공동체에게 주신 말씀이다. 그들이 2~3명 모이든 10명이 모이든, 그들은 하나의 공동체, 즉 그리스도의 몸이다. 본도에 있든, 갈라디아에 있든, 갑바도기아에 있든 그들은 하나된 그리스도의 몸이다.

단지 교회를 다니기 때문에 그리스도의 몸이라 하지 않았다. 그들은 예수 그리스도의 희생으로 구속함을 받은 하나님의 백성으로 뚜렷한 정체성을 가지고 있기 때문에 그리스도의 몸이다. 본회퍼는 이를 '집단인격'이라 하였다.

만일 하나된 그리스도의 몸이라는 정체성을 가지지 못한다면, 교회는 종교기관으로서 각자의 기능에 충실하면서 자기 성장에 몰두하는 파편화된 현상을 나타낼 뿐이다. 소위 개교회주의이다.

초대교회는 그들이 어디에 있든 하나된 그리스도의 몸으로서 공동체성을 가졌다. 베드로는 초대교회 공동체 정체성을 다음과 같이 표현하였다. "너희는 택하신 족속이요 왕 같은 제사장들이요 거룩한 나라요, 그의 소유가 된 백성"이다(벧전 2:9).

기독교의 힘은 돈도 아니고, 건물도 아니고, 사람 수도 아니다. 기독교 공동체의 힘은 하나님 나라를 향한 비전과 가치관이다. 누구라도 좋다면서 사람이 많고, 돈이 많고, 부동산이 많은 것을 최고라고 생각하는 게 한국 기독교의 문제이다.

기독교가 가져야 할 정체성과 하나님 나라의 가치관은 별로 생각하지 않는다. 그저 교회에 오기만 하면 되는 줄 생각한다. 출석 성도가 몇 명이냐? 그것을 중요하게 생각한다. 마치 중세 가톨릭 교회처럼 '교회 안에 구원이 있으니 교회에 나오라'는 사상과 비슷하다. 한국 교회 공동체는 지금 방향성과 가치관과 목적을 잃어버렸다.

종교개혁은 세상을 변혁하는 힘이었고 운동이었다. 그것은 그때까지 가지고 있던 세속적 가치관을 뒤엎어버리고, 초대교회가 가졌던 하나님 나라의 가치관과 목적과 방향성으로 새로워졌기에 폭발적 능력을 발휘하였다. 박해도, 죽음도 그들이 가고자 하는 길을 가로막지 못하였다. 그것은 진리의 힘이었고, 생명의 힘이었다.

사도 베드로는 초대교회 공동체에 지속적으로 하나님 나라 백성으로서 가져야 할 정체성을 강조한다.

"그러니 마음을 단단히 먹고 정신을 바짝 차려서, 예수께서 오실 때에 여러분의 선물을 받을 수 있도록 철저히 준비하십시오. 전에 하고 싶은 대로만 하던 악한 습관에 다시 빠져들지 않게 하십시오. 그때는 여러분이 더 나은 것을 알지 못했으나, 이제는 알고 있습니다. 순종하는 자녀가 되었으니, 여러분은 하나님의 생명으로 빚어진 생활방식을 따라 거룩함으로 빛나는 힘찬 삶을 살아가십시오. 하나님께서 "내가 거룩하니, 너희도 거룩하라"하고 말씀하셨습니다"(벧전 1:13-16, 메시지 성경).

"여러분의 삶은 하나님을 깊이 의식하면서 나아가야 하는 여정입니다. 하나님께서는 여러분이 전에 몸담고 살았던 막다른 삶, 아무 생각 없이 살아온 그 삶에서 여러분을 건져내기 위해 큰 값을 치르셨습니다. 여러분도 알다시피 하나님께서는 그리스도의 거룩한 피를 지불하셨습니다"(벧전 1:18-19, 메시지 성경).

"이제 여러분이 진리를 따름으로 여러분의 삶을 깨끗케 했으니, 서로 사랑하십시오. 여러분의 삶이 거기에 달려 있다는 듯이 사랑하십시오. 여러분의 새 삶은 옛 삶과 다릅니다. 전에 여러분은 썩어 없어질 씨에서 태어났지만, 이제는 살아 계신 하나님의 말씀에서 새로 태어났습니다. 생각해 보십시오. 여러분은 하나님께서 직접 잉태하신 생명입니다"(벧전 1:22-23, 메시지 성경).

거룩한 삶은 세상과 다른 삶이다. 세상이 부러우면 하나님 나라가 싫어진다. 세상에서 성공과 승리를 추구하면 하나님 나라는 멀어진다. 세상이 무서워지면 하나님이 무섭지 않게 된다. 세상을 흉내 내고 따라가는 삶은 결코 거룩한 삶, 구별된 삶, 다른 삶이 아니라 세상과 같은 삶이다. 안타깝게도 한국 교회는 세상의 물질과 권력을 자꾸만 따라가려고 한다. 그게 예수 잘 믿는 증거라고 가르친다.

나는 콘스탄티누스 황제가 기독교를 공인하면서 국가 종교가 된 때부터 문제라고 생각한다. 기독교가 세상의 권력과 손을 잡고 기독교 제국을 건설하면서 하나님 나라의 정체성이 사라졌다. 물질적으로는 안정되고 풍요로워졌지만, 권력자들과 함께 사진도 찍고 높은 자리에 앉았지만, 박해도 사라지고 죽음의 위협도 없지만, 그것은 하나님께서 세우시려는 나라가 아니다. 목사가 정치인이나 대통령과 친분을 자랑하는 것은 수치스러운 일이다.

스탠리 하우어워스는 기독교 공동체가 가지는 힘을 다음과 같이 설명한다.

"교회를 급진적이고 영원히 새로운 상태로 지켜 나가는 힘은 교회로 하여금 사회적 논쟁거리와 관련해 좌파와 하나 되게 하는 데서 오는 것이 아니라, 세상이 알지 못하는 예수를 교회가 아는 데서 온다. 교회의 눈으로 볼 때 정치적인 좌파는 정치적인 우파와 비교해서 특별히 더 흥미로운 것이 못 된다. 또 좌파와 우파가 모색하는 해결책의 배후에는 '세상이 예수 안에서 시작하고 끝나는 것이 아니라'는 전제가 깔려 있다."

나는 좌파 정권이든 우파 정권이든 겉모습은 다를 수 있지만, 기본적으로 하나님 나라와는 다른 지향성을 가지고 있음을 확신한다. 모든 권력은 세속적이고 부패할 수밖에 없다.

우리는 세상과 타협하여 힘을 가지지 않는다. 우리는 하나님 나라의 백성으로서 정체성을 확고히 하는 데서 힘을 발휘한다. 예루살렘 성전이 세상의 부패한 권력과 짝하여 타락할 때, 하나님께서 예루살렘을 직접 무너뜨리셨다. 돌 위에 돌 하나 남지 않도록 무너뜨리셨다. 세상 권력과 짝하여 세운 기독교 제국은 하나님께서 무너뜨리신다. 그건 결코 하나님이 원하시는 나라가 아니다.

민족 복음화는 선교 동력을 끌어모으는 데 효과적일지 모르지만, 하나님께서 이루고자 하는 나라는 아니다. 그건 사사로운 사람의 비전일 뿐이다. 오늘날 한국 교회 공동체가 잃어버린 것은 하나님 나라의 가치관과 비전과 목표와 방향성이다. 그것은 나그네의 종교를 권력자의 종교로 바꾸었기 때문이다. 그것은 하나님 나라 가치관을 세상의 가치관으로 바꾸었기 때문이다.

세상에서 성공하고 승리하기를 간절히 원하는 데서 기독교는 병들었다. 한국 기독교가 다시 회복하고 살아나기 위하여 흩어진 나그네로의 정체성을 회복해야 한다. 기독교는 나그네의 종교다.

참고도서 _____

1. 스탠리 하우어워스, 윌리엄 윌리몬, 『하나님의 나그네 된 백성』 김기철 옮김 (복있는 사람: 서울) 2014년

그들은 어두운 데서 불러내어

하나님의 기이한 빛에 들어가게 하신

그리스도의 아름다운 덕을 선포한다.

하나님과 함께하는 모험

중세 말 스위스 그레헨(Grächen in Valais)이란 작은 마을에 토마스 플래터(Thomas Platter, 1499?~1582)가 태어났다. 어릴 적 아버지가 병으로 죽자 어머니는 재혼하였다. 막내였던 토마스는 가족과 헤어져 고아처럼 지냈다. 여섯 살 때부터 양치기 일을 했다. 산악 지대에서 산양과 생활하면서 몇 번이나 죽을 고비를 넘겼다. 사춘기가 되어서 그는 방랑자가 되었다. 여러 나라를 다니면서 구걸도 하고, 도둑질도 하고, 노래를 부르며 먹을 것을 구하였다. 스무 살이 될 때까지 그는 불학무식한 뜨내기였다.

그가 인생의 방향을 전환한 것은 스위스의 종교개혁자 츠빙글리를 만난 후였다. 츠빙글리의 설교를 들은 후 방랑자의 삶을 그만두었다. 그는 밧줄 만드는 직공이 되어 낮에는 일하고, 밤에는 그리스어와 라틴어를 공부하였다.

중세 시대 노동은 하층민이나 하는 일이었다. 로마의 역사가 타키투스(Tacitus, 55-117)는 '게르마니아'에서 다음과 같이 말하였다. "피를 흘려서 얻을 수 있는 것을 땀을 흘려 얻으려 하는 것은 태만이며, 무능한 태도이다." 적과 싸워 피 흘리는 군인의 삶은 고귀하고, 노동하여 먹고 사는 사람은 무능하고 게으르다는 뜻이다.

아담을 저주한 창세기 말씀을 근거로, 중세 교회는 노동을 하나님의 저주라고 생각하였다. 실제로 중세 사회에서 노동자는 사회적으로 정당한 대우를 받지 못하였다. 그러나 종교개혁자 츠빙글리는 노동의 고귀함을 설교하였다. 츠빙글리는 속죄의 노동이 아닌 기쁨의 노동을 가르쳤다. 그는 츠빙글리의 조수가 되어 종교개혁을 도왔으며, 츠빙글리가 카펠 전투에서 전사할 때까지 그의 곁을 지켰다.

토마스 플래터는 츠빙글리의 가르침을 따라 세상의 유행과 풍조를 따르지 않고, 말씀에 기반하여 새로운 삶을 추구하였다. 당대 최고 인문학자인 에라스무스가 그의 소문을 듣고 찾아와 노동을 그만두고 학문에만 전념하라 권하였지만, 흔들리지 않았다.

그는 자기 생각과 정체성을 뚜렷하게 가졌다. 남들이 뭐라 해도 그는 노동과 학문을 병행하였다. 후일 바젤고등학교 교장이 되었는데, 바젤대학은 그에게 학위를 따라고 요구하였다. 그러나 토마스는 완강히 거부하였다. 자신의 학문은 세상 대학의 권위를 빌릴 필요가 없다고 생각하였다. 그는 세상의 기준이 아닌 말씀의 기준을 따라 복음에 합당한 삶을 살려고 노력하였다.

처음에는 불학무식하고, 가난하고, 멸시받고, 천대받던 방랑자였지만, 토마스 플래터는 예수 그리스도를 영접한 이후 다른 삶을 살았다. 세상과 타협하고, 세상에서 인정받기보다 하나님의 진리에 자신을 맞추어 살려고 노력하였다. 그의 삶은 세상과 다른 삶, 구별된 삶, 새로운 형태의 대안적 삶을 추구하였다.

초대교회 교인의 삶도 비슷하였다. 그들은 흩어진 나그네였다. 그들은 세상 어디에도 속할 곳이 없었다. 세상 공동체에 동화될 수도 없고 어울려 살 수도 없었다. 우연히 사람들이 모이는 자리에 참여해도 그들의 자리는 없었다. 어디에 서야 할지, 어디에 앉아야 할지, 안내해 주는 사람도 없었다. 그들의 머쓱함과 당혹스러움을 아는가?

그들은 세상에서 버린 바 되었다. 그들은 부딪치는 돌이고, 걸려 넘어지게 하는 바위이다. 멸시와 천대를 받다 보면 자존감이 낮아지고, 남들이 무시하는 언어폭력에 반응할 힘도 없어진다. 그들은 살 소망도 없고 목적도 방향도 없는 존재였다.

세상에만 자리가 없는 존재가 아니라 하나님 앞에서도 마찬가지였다. 그들은 하나님의 긍휼을 받지 못하는 존재였다. 그들은 하나님과 아무런 상관이 없었다(벧전 2:10). 그런 그들을 하나님께서 부르셨다. 세상에 약한 자를 부르시고, 병든 자를 부르시고, 죄인을 부르신다는 말씀처럼 나그네 같은 인생을 하나님께서 부르셨다. 그리고 하나님께서 온 세상을 위해 계획하신 하나님의 비전에 모험적으로 동참하라고 요청하였다.

성경은 하나님과 함께 모험하며 여행하는 백성 이야기이다. 구원은 새로운 길로 여행을 떠나는 것이다. 그 길이 어떻게 펼쳐질지 모르지만, 한 가지 확실한 사실은 여호와 하나님이 동행하신다.

그분은 세상 모두가 등지고 손가락질할 때 내 손을 잡아 주셨고, 새로운 삶의 방향과 목적을 제시해 주었다. 놀라운 사실은 그분이 펼쳐 나가는 세상 곧 하나님 나라의 모습은 크고 영광되고, 존귀하며 복되다. 아브라함이 갈 바를 알지 못하였지만, 하나님과 함께 동행하는 여행에 모험적으로 나선 것처럼 초대교회 교인도 모험 여행을 시작하였다.

하나님과 함께하는 모험 여행을 세상은 절대 이해할 수 없다. 세상과 다른 하나님 나라를 꿈꾸며 나아가는 여행은 단순한 발걸음이 아니다. 그것은 하나님 나라 공동체에게 주신 하나님의 진리에 자신의 삶과 생활 태도를 맞추어 나가는 과정이다. 성경 이야기는 인간 실존 이야기이고, 새로운 세상(대안 세상)인 하나님 나라의 삶을 맛보아 알게 한다.

공동체는 하나님과 사람이 함께 어우러져 여행하는 '이야기'를 공유한다. 하나님의 백성으로서 순전하고 신령한 젖을 맛본 이야기를 나눈다. 삶의 순간마다 부어지는 주의 인자하심과 긍휼하심을 찬송한다. 성경은 하나님의 부르심에 따르려고 노력하는 사람들에게(그들의 노력과 열매와 결실이 대단할 리 없지만) 하나님의 은혜와 사랑이 한없이 부어지는 이야기이다. 그리스도인 공동체는 자녀에게 이 이야기를 전수하고, 처음 공동체 안에 들어온 사람에게 지난 이야기를 들려주면서 하나님과 함께하는 모험 여행으로 초청한다.

그들은 어두운 데서 불러내어 하나님의 기이한 빛에 들어가게 하신 그리스도의 아름다운 덕을 선포한다(벧전 2:9). 이 공동체에 속한 사람은

129

공유하는 이야기가 있고, 공유하는 은혜와 긍휼과 자비의 경험이 있고, 하나님 나라 비전이 있다.

베드로는 그리스도인 공동체를 한마디로 정의한다. "너희는 택하신 족속이요 왕 같은 제사장들이요 거룩한 나라요 그의 소유된 백성이다." 세상에서 떠돌던 나그네, 하나님과 아무런 상관도 없는 그들, 죽음과 공포와 절망만 있던 그들이 이제 예수 안에서 전혀 새로운 삶을 추구하며 살아간다.

그 삶은 세상이 알 수도 없고, 흉내 낼 수도 없는 삶이다. 초대 그리스도인 공동체가 자신의 인생이 하나님과 함께하는 모험이란 사실을 깨닫고 얼마나 감격하고 흥분했을까? 목적도 없고, 방향도 없고, 가치도 없던 그들이 이제 목적이 분명하고, 방향이 분명하고, 가치가 분명한 사람으로 바뀌었다. 그들은 세상 나그네였지만, 이제 하나님 나라를 향하여 힘차게 나가는 여행자였다.

참고도서

1. 아베 긴야, 『중세 유럽 산책』, 양억관 옮김, (한길사: 서울) 2005년
2. 스탠리 하우어워스, 윌리엄 윌리몬, 『하나님의 나그네 된 백성』, 김기철 옮김 (복있는 사람: 서울) 2014년

기독교는 계급 갈등 구조를 조장하고,
어느 한 쪽 편에 서서 다른 편을 미워하고,
전복하고, 없애려는 것이 아니다.
기독교는 하나님의 평화, 하나님 나라가
온전히 이루어져 사자와 어린 양이 함께
뛰노는 나라를 만드는 것이다.

그리스도인의 정체성과 살아남기

2001년 9월 11일 이슬람 극단주의 세력이 비행기 4대를 납치하여 세계무역센터와 펜타곤을 공격하였다. 사망자는 2,996명, 부상자는 최소 6,261명으로 세계 역사상 최악의 테러였다. 희생자를 구하기 위해 출동한 소방관, 경찰관 등도 무려 412명이 순직하였다. 이 사건을 계기로 미국은 변하였다.

이 사건에 충격을 받은 미국 매사추세츠대학 종교학 교수인 리처드 호슬리는 2002년『예수와 제국』을 출간하였다. 그는 9.11테러가 미국의 제국주의 행태 때문이라고 하였다.

그의 논리는 이러하다. 1990년 이라크가 쿠웨이트를 침공하자 중동의 석유자원을 보호한다는 명목으로 미국은 34개 연합군과 함께 이라크를 폭격하였다. 1991년 1월 16일부터 42일 동안 '사막의 폭풍' 작전을 진행하였다. F-16과 F-18, F-15E를 동원한 미국 앞에 이라크는 속수무책이었다. 미국은 일방적으로 폭격하였고, 이라크는 쑥대밭이 되었다.

2월 27일, 이라크는 무조건 항복하였다. 최첨단 무기 앞에 이라크 100만 대군은 힘을 전혀 쓸 수 없었다. 쿠웨이트에 배치된 약 55만 명의 이라크군 가운데 최소 5만~10만 명이 목숨을 잃었고, 15만 명이 부상당했으며, 실종자는 15만 명, 포로는 6만 명에 이르렀다. 전멸이었다. 게다가 무차별 폭격으로 어린이를 비롯한 민간인 사상자는 약 20만 명이었다. 그건 살육이었다. 반면에 다국적군인 연합군의 사망자는 전투 중에 사망한 약 130명과 그 밖의 사고로 사망한 사람 100명을 합하여 약 230명에 불과했다.

전쟁의 결과로 미국은 중동의 기름을 안정적으로 공급받았다. 촘스키는 걸프전쟁을, 본질적으로 미국의 헤게모니에 도전하는 제3 세계 민족주의에 대한 미국의 분쇄 작전이요 응징이라고 하였다.

1937년 프랑코 군대가 스페인 게르니카를 폭격하여 수많은 민간인을 살상했을 때 세계는 충격을 받았다. 같은 해 중국 난징에서 일본이 민간인을 학살하자 서구는 '이건 군인이 할 짓이 아니다'라고 강력하게 비판하였다. 2차 세계대전이 터지자 루스벨트는 전 세계에 긴급 호소문을 보내었다. '무장하지 않은 약한 시민을 폭격하는 일은 인류에게 공포심을 불어넣으려는 전략입니다. 이러한 비인간적 처사는 반드시 금지되어야 합니다. 그 일에 미합중국이 변함없이 앞장서고 있음을 자신 있게 말씀드립니다.'

그러나 불과 몇 년 후 1942년 처칠은 독일 도시를 무차별로 폭격하면서 '독일 땅에서 생명을 쓸어버리는' 계획을 언급하였다. 3년 후, 미국은 일본 나가사키와 히로시마에 원자폭탄을 떨어뜨려 78만 명(원폭 사망자 8만, 방사능 사망자 70만)의 민간인을 죽였다.

이제 전쟁은 민간인과 군인을 구별하지 않고 잔인하게 살육하는 만행으로 바뀌었다. 힘 있는 나라는 약한 나라를 공격하여 민간인을 살상할 명분을 얻고자 '악마 만들기(demonization)'에 몰두한다.

기독교는 그러한 제국주의 행태에 대하여 한마디도 하지 않았다. 오히려 그러한 살육을 거룩한 전쟁이라 지지하면서 성경적 근거를 만들어 주었다. 이제 도덕도, 윤리도, 성경 진리도 아무 소용이 없어졌다. 강자만 말하는 시대가 되었다.

리처드 호슬리는 미국이 기독교 국가가 아니라 로마 제국주의를 지향하는 나라라고 생각하였다. 그는 한걸음 더 나아가 예수 그리스도와 로마 제국을 적대 관계로 해석하였다. 예수는 제국주의에 대항한 혁명가이며 순교자라고 하였다. 그는 전통적 보수주의자들이 이러한 사회적이고 정치적인 맥락을 상실한 채 교리적으로만 성경을 보는 잘못이 있다고 하면서 철저하게 계급 갈등 구조로 성경을 풀어나갔다.

나는 사회 정치적 맥락을 고려하면서 성경을 보아야 한다는 그의 주장에 공감하지만, 성경을 계급 갈등 구조로만 해석하는 것은 잘못이라고 생각한다. 예수님이 가난한 자, 약한 자, 병든 자, 나그네와 고아와 과부를 불쌍히 여기고 사랑했음은 틀림없다. 그러나 나그네라고, 세상에서 억압받고 차별받는 존재라고, 이주민이고 약자라고 무조건 하나님께서 사랑하고 아끼는 것은 아니다.

하나님께서 세상의 계급 갈등 구조를 무시하는 것은 아니지만, 하나님께서 귀히 보시는 것은 하나님 나라이다. 그것은 세상 나라에서 가지던 삶의 태도, 가치관, 정체성을 버리고 이제 하나님 나라 백성으로서 바른 정체성과 삶의 태도를 보이라고 하신다. 그렇게 사는 자들이 하나님께서 사랑하는 백성이다.

베드로 사도는 이 점을 지적한다. 전에 육체의 정욕대로 살던 사람이라면 이제 행실을 선하게 가져라. 자유를 악용하지 마라. 하나님의 종과 같이 살아라. 이전 삶은 자유를 악용하는 삶이고, 본능대로 살아가는 삶이다. 어차피 손가락질받고, 떨어질 명예도 없으니 마음대로 함부로 살려고 하지 마라.

왜냐하면 이제 너희는 세상에 속한 사람이 아니라 하나님께 속한 사람이니 모든 사람을 공경하고, 형제를 사랑하고, 하나님을 두려워하며 살아라. 네가 잘못해서 매를 맞는다면 그건 결코 자랑할 일이 아니다. 자신이 가난하고 멸시받는다고 해서 멋대로 살아도 된다는 생각은 잘못이다. 이제 하나님 나라 백성으로 바른 정체성을 가지라고 베드로는 권면한다.

그러므로 기독교는 계급 갈등 구조 속에서 어느 한 편에 서는 것이 아니다. 기독교는 좌파도 아니고 우파도 아니다. 세속의 정당과 정파들은 여러 가지 선전선동술을 동원하여 자신을 좋게 포장한다. 그러나 그들의 핵심 사상 속에 예수 그리스도는 단 1%도 없다. 베드로는 이 점을 분명히 하였다.

비록 그가 왕을 존대하고 주인에게 순종하라고 하지만, 그것은 체제에 순응하며 적당히 어울려 살라는 말이 아니고, 세속의 권위에 무조건 복종하라는 뜻도 아니다. 리처드 호슬리가 주장한 것처럼 성경을 읽을 때 우리는 사회적 맥락을 읽어야 한다.

초대교회 상황에서 인권이란 존재하지 않았다. 로마 제국은 오늘날 민주주의와 전혀 다른 제국이었다. 백성의 의견을 진중하게 받아들이는 정권도 아니었고, 민의를 수렴하려고 애를 쓰지도 않았다. 무력과 폭력 앞에 무조건 복종하든지 아니면 죽든지 둘 중 하나만 강요하는 제국주의였다. 이런 폭력을 행사하는 제국주의 앞에 소수 기독교 공동체, 힘없는 나그네 공동체에 줄 수 있는 권면이 무엇일까?

불의에 저항하며, 인권 운동을 하다가 장렬히 전사하라! 그건 아니다. 초대교회 공동체에 주어진 일차적 과제는 생존이었고, 생명이었다. 지금은 억울하게 매를 맞고, 사람에게 침 뱉음을 당하고, 설령 죽임을 당한다고 할지라도 칼로서 맞설 수 없는 세상이었다.

인권과 민주화는 2,000년 후에나 있을 이야기이다. 그것도 수많은 투쟁과 죽음으로 겨우 얻어낸 약자의 권리이다. 언제 권력자들이 약자의 소리에 귀를 기울이고, 그들 편에 선 적이 있었던가? 흉내만 잠시 내다가 자기 권력이 안정되면 다시 강자의 논리로 약자를 괴롭히는 것이 세상 권력의 속성이다.

아무튼 초대교회 사도들이 교우들에게 권면할 수 있는 최선은 "살아남아라"였다. 어떻게 해서든 살아남아서 아름다운 신앙 공동체를 만들며, 너희는 힘이 지배하는 세상, 폭력으로 만드는 평화가 아닌 진정한 평화를 추구하는 공동체를 만들어라. 그것이 하나님 나라요, 평화의 나라이다.

베드로나 바울이 위에 있는 권세에 복종하라고 가르칠 때 그들은 초대교회 성도의 상황을 알기에 울면서 가르쳤을 것으로 생각한다. "살아남으십시오. 어떻게 해서든 살아남아서 이 더럽고 죄악되고 폭력으로 가득한 세상에서 하나님 나라를 만드십시오." 그런 뜻으로 피를 토하면서 말하였다.

기독교는 계급 갈등 구조를 조장하고, 어느 한 편에 서서 다른 편을 미워하고, 전복하고, 없애려는 것이 아니다. 기독교는 하나님의 평화, 하나님 나라가 온전히 이루어져 사자와 어린 양이 함께 뛰노는 나라를 만드는 것이다. 대한민국 기독교인들이 정파적 논리에 다시는 휘둘리지 않고 그리스도인으로서 분명한 정체성을 가지고 살아가기를 간절히 소망한다.

참고도서

1. 스탠리 하우어워스, 윌리엄 윌리몬, 『하나님의 나그네 된 백성』, 김기철 옮김 (복있는 사람: 서울) 2014년
2. 리처드 호슬리, 『예수와 제국』, 김준우 옮김, (한국기독교연구소: 고양) 2004년

로마가 기독교를 공인한 가장 큰
요인 중 하나는 여성 기독교인이다.
그들의 경건하고 순결한 삶에 남편이
감동하고, 자녀가 감동하고, 온 집안이
예수를 믿는 일이 종종 발생하였다.
초대교회 성장의 가장 큰 동력은
여성이었다.

초대교회가 여성에게 보인 태도

성경을 읽으면서 본문의 의미를 깊이 생각하지 않고, 쉽게 판단하고 적용하려는 잘못을 범할 때가 종종 있다. 베드로전서 3장 1절에서 6절까지 아내에게 주는 말씀이 대표적이다. 가정 문제는 초대교회나 지금이나 별반 차이가 없을 거라고 속단하는 경향이 있다. 아니다. 상상할 수 없을 정도로 큰 차이가 난다.

오늘날 결혼의 목적은 대부분 행복이다. 남녀가 만나 서로 사랑하고 장밋빛 미래를 꿈꾸며 행복하게 살기를 소망하여 결혼한다. 그러나 2천 년 전 세상에서 결혼의 목적은 행복이 아니었다. 많은 자녀를 낳아 가문을 번창하게 하는 것이 유일한 목적이었다. 여성의 인권은 존재하지 않았다. 여성은 소유물이었다. 딸은 지참금을 받고 다른 남성에게 넘기는 재산이었다.

그레코-로만 사회에서는 남성이 여성보다 훨씬 많았다. AD 200년경, 디오 카시우스가 쓴 글에서 로마 제국의 인구 감소 원인은 극심한 여성 부족에 있다고 하였다. J.C. 러셀은 고대와 중세 인구에 관한 연구에서 로마 인구는 남성 135명당 여성 100명이었다고 한다.

이런 극단적인 성비는 '인간 생명에 어떤 조작'이 있을 때 가능하다. 이를테면 여아 살해나 기형아를 유기하는 조작 행위가 있을 때만 가능하다. 실제로 델피의 새김 문자 연구를 통해 밝혀진 바로는 600가정 중에 단 6가정만 딸을 하나 넘게 키웠다.

그리스 역사학자 플루타르크와 디오 카시우스는 '로마인은 소녀가 12살이 되면 결혼시켰고, 심지어 더 어린 나이도 있었다'고 하였다. 딸을 오래도록 키워봐야 먹을 것만 축나니까 지참금 받고 빨리 팔아넘겼다.

당시 여성이 가질 수 있는 직업은 없었다. 남성에게 버림받은 여성은 창녀처럼 쓰레기 취급을 받거나 죽임을 당하였다. 1세기 로마 시대의 이런 상황을 전제하고 본문을 읽어야 한다.

한글개역 성경은 뜻이 모호하여 기독교 가정에서 아내의 역할을 설명하는 것으로 오해하기 쉽다. 그러나 본문은 명백히 불신 가정으로 시집간 여성 이야기이다. "아내된 사람들도 마찬가지로 남편에게 복종해야 합니다. 하느님의 말씀을 믿지 않는 남편들도 자기 아내의 행동을 보고 믿게 될 것입니다. 그러니 말로 설득하지 않더라도 경건하고 순결한 생활을 보여주도록 하십시오"(벧후 3:1-2, 공동번역).

베드로 사도가 권면하는 '아내들'은 몇 살이었을까? 12살이 갓 넘었을

지도 모른다. 더욱이 흩어져 살던 나그네 신분의 그리스도인 딸이 분명하다. 아니면 남편 몰래 예수를 믿는 여자일 수도 있다. 그녀들을 바라보는 베드로의 심정이 어떠했을까?

나는 딸을 시집보낸 사람으로 베드로의 심정이 조금은 느껴진다. 만일 자기 딸이 시집갔는데, 온갖 학대와 설움을 당한다면 어떻게 할까? 요즘 같으면 그렇게 매를 맞고 사느니 차라리 이혼해라! 할지도 모르겠다. 그러나 그 시대에 이혼하면 죽음 밖에 없다. 여성의 인권도 없고, 여성의 직업도 없고, 여성이 독립할 가능성은 단 1%도 없는 시대이다. 베드로 사도는 자기 딸 같은 부인들의 손을 잡고 대성통곡하지 않았을까? 어쩌다 인생이 여기까지 왔는가?

나그네 인생도 서럽지만, 나그네의 딸이 살아갈 인생은 더욱 서럽다. 그런 여성에게 여성 인권을 위하여 투쟁하라. 요즘 여성 해방론자들이 말하는 것처럼 가정을 버리고 나와라! 말할 수 있을까?

여성 인권은 불과 100년 전에나 거론되기 시작했고, 여성 해방 운동은 최근에 와서야 일어난 운동이다. 2,000년 전 베드로나 바울이 여성 해방적 시각을 가지지 않았다고 말하는 것은 정말 그 시대 상황을 몰라도 너무 모르는 말이다.

사실 베드로나 바울의 서신을 보면 그들이 얼마나 여성을 깊이 생각하였는지 알 수 있다. 독일의 교회사학자 하르낙(Adolf von Harnack, 1851~1930)은 로마서에서 바울이 특별히 관심을 보인 평신도 지도자를 살펴보았다.

바울은 15명의 여성과 18명의 남성에게 문안하였다. 18명 대 15명은 정말 파격적이다. 바울은 당시 여성이 결혼하여 받는 괴로움과 슬픔을 너무나 잘 알았기에 차라리 결혼하지 않는 것이 좋겠다고 권면하였다. 이 시대 상황을 이해하면 바울이 얼마나 여성을 사랑하고 가슴 아파했을지 짐작할 수 있다.

베드로는 부인들의 손을 잡고 대성통곡하였다. 한참 후에 눈물을 닦고 그녀들에게 권면하였다. "아내된 사람들도 마찬가지로 남편에게 복종해야 합니다. 하느님의 말씀을 믿지 않는 남편들도 자기 아내의 행동을 보고 믿게 될 것입니다. 그러니 말로 설득하지 않더라도 경건하고 순결한 생활을 보여주도록 하십시오"(벧후 3:1-2).

나는 베드로 사도의 이 말이 가슴 아프게 다가온다. 이 말은 행복한 가정을 꾸미라는 말이 아니다. 죽을 힘을 다해 살아라. 하루에도 열두 번씩 죽고 싶은 마음이 생기겠지만, 그래도 살아라. 살되 그냥 살지 말고 하나님의 자녀다운 모습으로 살아라!

남편은 믿지도 않고, 말로 해서 설득되는 사람이 아니다. 그렇다고 포기하지 말고 경건하고 순결한 삶을 살므로 복음을 전하라. 베드로 사도가 이 말을 쉽게 했을 거라고 상상하지 마라. 베드로는 온 마음을 다해 불신 가정에 시집간 여성들을 사랑하는 마음으로 이 글을 썼다.

'초대교회가 여성들에게 보인 태도는 놀라웠다. 그들은 모든 편견의 장벽을 넘어서 남녀가 함께 예배를 드렸고, 심지어 여성에게 리더십을 부여하였다. 이방 사회에서는 여성을 인간 이하로 보았고, 유대교에서는 여성을 인류에게 죄를 들여온 존재로서 하나님의 사랑을 받을 자격이 없다고 생각하였지만, 기독교는 달랐다.'

초대교회 교부였던 알렌산드리아의 클레멘스(Titus Flavius Clemens: AD c.150~c. 215)는 '남자와 여자는 동등하게 완전하며, 똑같은 지도와 똑같은 훈련을 받아야 한다. 그리스도 안에서는 남성도 여성도 없기 때문이다' 라고 했다. 그는 여자도 남자와 함께 공동체에 참여하라고 촉구하면서 자신이 존경하는 여성 명단을 제시하였다.

초대교회는 여아 살해를 용인하지 않았다. 이방 사회에서 남녀가 모두 문란한 성생활을 하였는데, 기독교는 정절을 강조하였다. 만일 과부가 되거나 혼자인 여성은 교회에서 보호하고 돌보아 주었다. 모든 면에서 기독교 여성은 이교도 여성보다 훨씬 안정되고 평등한 결혼생활(기독교 가정의 경우)을 유지했다.

기독교 가정은 점차 딸을 일찍 시집보내는 습관을 버렸다. 여성도 삶이 있고, 인격이 있음을 깨달았다. 초대교회는 여성 안수 집사를 허용했고, 교회에서 리더십을 발휘하였다.

바울은 디모데에게 여성 집사의 역할에 대하여 언급하였다(딤전 3:11). 알렉산드리아 클레멘스도 여성 집사에 관해 글을 썼다. 3세기 초 오리겐은 로마서에 주석을 달았다.

'이 본문이 사도의 권위를 가지고 가르치는 바는 …우리가 이미 말했듯이 교회에 여집사가 있으며, 수다한 사람을 섬기고 그 선한 사역으로 말미암아 사도의 칭송을 받을 자격이 있는 여성이 집사 직분을 받도록 허락해야 한다는 것이다.'

451년 칼케돈 공의회는 여집사의 자격을 강화하여 앞으로 여집사는 최소 40세 이상 미혼 여성이어야 한다고 규정했다. 이 당시 교회는 이미 제도화된 모습을 보인다. 현대 보수 교단은 여성 안수 집사를 허용하지 않는다.

1세기 여성들이 기독교의 매력에 흠뻑 빠진 것은 당연하였다. 370년 발렌티니아누스 황제는 다마수스 교황 1세에게 기독교 선교사들이 이교도 여성의 가정집을 방문하는 것을 중단해 달라는 서면 훈시를 내릴 정도였다.

기독교를 심하게 박해하던 303년경 북아프리카의 시르타라는 마을에 있는 한 기독교인 가정 교회에서 나온 물품 목록이 있다. 불우이웃 돕기를 위해 기독교인이 모은 옷 중에 16벌의 남성 망토와 82벌의 여성 망토, 47켤레의 여성 슬리퍼가 있었다. 이것은 참석한 교인들이 그 자리에서 헌금한 것이라고 한다면, 초대교회 성비는 16:82로 여성이 많다는 증거이다.

로마 시대 순교자 중 남자는 감독을 비롯한 공적 직분자였다. 일반 평신도 중에는 대부분 여성이었다는 사실은 초대교회 여성의 신앙심과 충성도와 헌신을 짐작할 수 있다.

로마가 기독교를 공인한 가장 큰 요인 중 하나는 여성 기독교인이다. 그들의 경건하고 순결한 삶에 남편이 감동하고, 자녀가 감동하고, 온 집안이 예수를 믿는 일이 종종 발생하였다. 초대교회 성장의 가장 큰 동력은 여성이었다.

역설적이게도 로마가 기독교를 받아들이고, 교회 안에 권력자들이 물밀듯 밀려들어오고, 교회가 제도화되면서 오랫동안 뿌리내린 남존여비 사상이 다시 교회를 점령하였다. 권력과 물질, 성공과 승리는 나그네의 아픔과 눈물과 설움을 잊게 하였다. 자연히 나그네의 딸들이 목숨 걸고 사역했던 그 모든 공로도 잊어버렸다.

　남존여비 사상은 현대 교회까지 이어져 여성 목사, 여성 장로, 여성 집사를 허용하지 않는 교회가 대다수이다. 여성은 기껏해야 주방에서 음식 만드는 일이나 청소하는 일을 하고, 여성 소그룹이나 모임을 인도하면서 제도 교회를 유지하는 도구로 전락한 모습을 보면서 베드로 사도는 다시 대성통곡할지 모르겠다.

참고도서

1. 로드니 스타크, 『기독교의 발흥』, 손현선 옮김 (좋은 씨앗: 서울) 2016년
2. 일레인 페이젤, 『성서 밖의 예수』, 방건운 옮김 (정신세계사: 서울) 1989년
3. 존 쉘비 스퐁, 『기독교 변하지 않으면 죽는다』, 김준우 옮김(한국기독교연구소: 서울) 2017년
4. 존 캅, '영적인 파산', 박만 옮김 (한국기독교연구소: 서울) 2014년

"너희 마음에 그리스도를 주로 삼아 거룩하게 하고

너희 속에 있는 소망에 관한 이유를 묻는 자에게는

대답할 것을 항상 준비하라"

_벧전 3:15

나그네 신학

"너희 마음에 그리스도를 주로 삼아 거룩하게 하고 너희 속에 있는 소망에 관한 이유를 묻는 자에게는 대답할 것을 항상 준비하되"(벧전 3:15). 여러 번 이야기하지만, 베드로는 소아시아에 흩어져 사는 나그네 그리스도인에게 편지하였다. 당시 나그네의 삶을 짐작할 수 있는 말이 곳곳에 있다. 3장 후반부에도 많은 말이 있다. "악을 악으로, 욕을 욕으로 갚지 말고"(9), "누가 너희를 해하리요"(13), "의를 위하여 고난을 받으면"(14), "너희의 선행을 욕하는 자들로"(16), "고난받는 것이 하나님의 뜻일진대"(17).

나그네 삶을 살았던 그리스도인은 억울하게 욕을 먹기도 하고, 해코지를 당하기도 하고, 선한 행위에 도리어 악행으로 받았다. 그들의 고난은 당연하였다. 소외당하고, 손가락질당하고, 핍박받았다. 기존 사회 안

147

에 한 발자국도 들여놓을 수 없었다. 그들 중에 정식 교육을 받은 사람도 있었겠지만, 대부분 불학무식하였고, 남루한 옷차림에 보잘것없었다.

그런 그들에게 베드로는 "소망에 관한 이유를 묻는 자에게 대답할 것을 항상 준비하라"고 하였다. 소요리 문답을 달달 외웠다가 무슨 질문을 해도 대답하라는 뜻이 아니다. 베드로의 말은 남들이 가르쳐 준 것을 외워서 하라는 뜻이 아니라 자기 이야기로, 자기가 예수 만나 변화된 삶이 무엇인지, 자기가 추구하고 따르는 삶의 목적과 방향이 무엇인지, 자기의 가치관과 세계관은 무엇인지 이야기하라는 것이다. 한마디로 말해서 생각하는 그리스도인이 되라는 뜻이다.

현대 기독교인은 모두 고등교육을 받은 사람이다. 문제는 생각하지 않는 그리스도인이 대다수라는 사실이다. 존 캅(John B. Cobb, 1925~) 교수는 오늘날 기독교가 건강성을 잃어버리고 쇠퇴하는 가장 큰 이유는 '생각하지 않음'이라고 하였다.

종교개혁자들은 모든 기독교인이 자신의 힘으로 성경을 읽고 자신의 신앙에 책임지라고 하였다. 참된 신학은 신학교 강단에 있지 않고, 설교단에도 있지 않다. 하나님의 말씀이 실천되어야 할 그리스도인 삶의 현장에 있다. 말씀이 삶 속에 실천되지 않으면 그건 사상누각이다. 존 캅의 말을 빌리면 '교실 신학'일 뿐이다. 현재 기독교는 그리스도인을 생각하지 못하는 바보로 만들고 있다.

교회에서 가르치는 교리를 dogma라 한다. 도그마는 라틴어 dokein에서 왔는데 '~라고 생각한다'라는 뜻이다. 교리는 '나는 이렇게 생각한다'는 뜻이다. 문제는 '나는' 대신에 '신학자가', '목사가' 이렇게 생각하니 너희는 아무 생각하지 말고 무조건 외우고 받아들여라'로 바뀌어버렸다는 데 있다.

유대인 철학자 한나 아렌트(Hannah Arendt, 1906~1975)는 유대인 학살의 주범 '아이히만'(Adolf Eichmann, 1906~1962)의 재판 과정을 지켜보고 악이 너무나 평범하다는 사실을 깨달았다.

아이히만은 유대인 수백만을 기차에 태워 수용소로 보내 죽이는 일을 하였다. 그는 효율적으로 유대인을 학살하기 위해 기차에 가스실을 설치하였다. 자신이 만든 기차 덕분에 시간 낭비하지 않게 되었다고 자랑삼아 보고하였다. 2차 세계대전이 끝난 후 신분 세탁을 하고 아르헨티나로 피신한 그를 잡아 예루살렘 재판정에 세웠다.

재판정에 선 아이히만은 한결같이 무죄를 주장하였다. 그는 국가의 법을 따라 위에서 내린 명령에 순종했을 뿐이라고 하였다. 사람들은 그가 흉측하고 잔인한 악마라고 생각했는데, 재판정에 선 그의 모습은 창백하고 초라하고 평범하였다. 그는 순종적인 공무원이었고, 규칙에 따라 자기 임무를 했을 뿐이었다.

재판을 지켜본 한나 아렌트는 악이란 평범하고 진부하다고 결론내렸다. 아이히만의 죄는 '생각 없음'이었다. 한나 아렌트는 말했다. "타인의 고통을 헤아릴 줄 모르는 '생각의 무능'은 말하기의 무능과 행동의 무능을 낳는다."

독일 국민이 히틀러 치하에서 유대인 학살에 직간접적으로 동참한 데는 독일 국민성이 크게 작용하였다. 그들은 법과 규칙을 철저하게 지켰다. 그들은 위에서 내린 명령에 순종적이었다. 순종적인 사람은 착한 사람 같지만, 부당한 명령, 나쁜 명령에도 순종을 잘하는 약점을 가진다. 생각이 없기 때문이다. 내가 내리는 결정과 말과 행동이 타자에게 어떤 영향을 미치는가를 생각하지 않기 때문이다.

영국의 역사가 에드워드 기번(Edward Gibbon)은 그의 책 『로마제국 쇠 망사』에서 이렇게 말했다. "콘스탄티누스 황제는 기독교 교세 확장을 흥 미롭게 지켜보았다. 기독교는 순수하고 자비롭고 보편적인 윤리 체계를 가졌다. 그리고 권위에 대해 무조건 복종하는 모습도 좋게 보였다."

당시 기독교 인구는 급속도로 성장하여 로마 제국에서 10%까지 다다 랐다. 그가 기독교를 인정한 것은 신앙심 때문이 아니라 정치적 판단 때 문이었다. 많은 박해와 편견에도 꾸준히 성장하는 기독교는 다른 모든 로마 종교보다 훨씬 큰 영향력을 가졌다. 무엇보다 권위에 순종하는 모 습이 제국을 통치하는 데 유용하리라 생각하였다.

실제로 콘스탄티누스가 기독교를 인정하자, 교회는 모든 권위를 콘 스탄티누스에게 넘겼다. 그는 예수를 영접하지도 않았고 믿지도 않았다. 그가 세례를 받은 것은 죽기 몇 달 전(337년)에야 겨우 받았을 뿐이다. 그 런데도 교회는 세속 군주에게 교회의 문제(니케아 공의회, 도나투스파 재판)를 모두 맡겼다. 기독교는 주님에게 순종하듯이, 세속 황제 콘스탄티누스에 게 순종하였다. 순종하는 것이 나쁘다고 말할 수 없지만, 생각 없이 순종 하는 것은 나쁜 것이다.

베드로 사도는 불학무식하고 뜨내기 신세였던 나그네 그리스도인들 에게 "생각하라!" 그리고 자기 말로 대답할 말을 "준비하라!"고 하였다.

기독교의 힘은 그리스도인이 끊임없이 반성하고 성찰하며 자신의 삶 속에 말씀을 실천할 때 드러난다. 설교의 가장 큰 목적은 그리스도인으로 하여금 각자 삶의 전 과정에서 기독교적 사고를 날카롭게 하며 실천하는 데 있다. 자기 생각과 자기 대답과 자기 묵상이 없는 그리스도인은 기독교를 병들게 한다.

흔히 신학이란 전문 신학자들이 교실에서 하는 것으로 생각한다. 진정한 기독교 신학은 교실이 아니라 그리스도인이 사는 삶의 현장에서 판가름난다. 기독교가 진실로 살아나려면, 교실에서 학문적으로 성경을 탐구하고 논리적 언어로 표현하는 것에 있지 않다. 기독교 진리는 실천할 때 살아난다.

삶의 현장에서 아무런 영향력을 발휘하지 않는 진리는 상상 속의 말장난과 같다. 그러므로 기독교 진리는 교실에서가 아니라 구체적 삶의 현장에서 매일매일 삶을 살아가는 그리스도인의 삶에서 드러나야 한다. 그러므로 그리스도인의 생각 없음, 무관심은 진리를 말살하고, 기독교를 망하게 한다. 우리 삶의 현장에서 벌어지는 그 어떤 일이라 할지라도 기독교적 사고는 반드시 필요하다. 베드로 사도는 2,000년 전 뜨내기 나그네만 아니라 오늘 우리에게도 큰 울림이 있다.

"너희 마음에 그리스도를 주로 삼아 거룩하게 하고 너희 속에 있는 소망에 관한 이유를 묻는 자에게는 대답할 것을 항상 준비하라."(벧전 3:15)

공유 리더십, 수평적 리더십, 관계형 리더십

"예수께서는 여러분이 지금 겪고 있는 모든 고난과 그보다 더한 고난을 겪으셨으니, 여러분도 그분처럼 생각하는 법을 익히십시오"(벧전 4:1, 메시지 성경).

나는 흩어진 나그네의 삶이 어떤지 알지 못한다. 미국에 와 보니 노숙자들이 심심찮게 눈에 띈다. '배가 고픕니다. 어떤 도움이라도 좋습니다. 도와주십시오. 하나님께서 축복하실 것입니다'라고 쓴 종이를 들고 건널목에 서 있는 노숙자를 여러 번 보았다. 나는 초대교회 성도들이 이와 같은 삶을 살았다고 생각한다. 나도 언젠가 한 번 저 자리에 서서 구걸을 해보면 어떨까 생각하였다. 하루 체험이겠지만, 과연 내가 할 수 있을까 하는 생각이 머리를 스치며 용기를 내지 못하였다. 그런 면에서 난 아직 가진 자의 자리에 있는 것이 분명하다.

베드로 사도는 천지 사방으로 뿔뿔이 흩어져 사는 나그네 그리스도인에게 말하였다. 예수님은 너희가 겪는 모든 고난보다 더한 고난을 겪었다. 예수님은 노숙자였다. "여우도 굴이 있고 공중의 새도 거처가 있되 오직 인자는 머리 둘 곳이 없다"(마 8:20). 우리는 집이 없는 예수님을 연상하기 쉽지 않다.

예수님 주변에는 언제나 노숙자들이 들끓었다. 기득권층이 아니라 주변으로 밀려나 사람 취급받지 못하던 시각 장애인, 문둥병자, 벙어리, 절름발이, 중풍병자, 귀신들린 사람, 창녀, 이방인들이 예수님 곁에 있었다.

예수님은 그들의 친구였고, 그들의 아픔을 자신의 아픔으로 여겼고, 그들의 고통을 자신의 고통으로 여겼다. 그런 예수님을 미워하고 싫어하고 죽이려던 자들은 소위 가진 자들이었다. 지식을 가진 바리새인들, 종교 권력을 가진 제사장 무리, 세속 권력을 가진 헤롯당이었다. 뭔가를 가진 자들은 본능적으로 예수님은 자신들과 다르다고 생각하였고, 예수님을 미워하여 받아들이지 않았다.

"자기 땅에 오매 자기 백성이 영접하지 아니하였으나"(요 1:11) 예수님은 세상에서 소외당하였고, 주류 사회에서 밀려나셨다. 바울은 그런 예수님의 모습을 자기 비움이라고 하였다. 예수님은 변두리로 밀려나 사람에게 침 뱉음을 당하셨고, 모욕과 천대를 받으셨고, 채찍을 맞으셨고, 십자가에서 죽으셨다.

베드로 사도는 초대 교인에게 그런 예수님 이야기를 하였다. 초대 교인의 상황은 어떠했을까? 그들은 배운 것도 없고, 경제력도 없고, 조직도 없고, 힘도 없었다. 누가 밀면 밀리고, 때리면 맞아야 하는 존재였다. 그들은 예수님과 비슷한 삶의 환경 속에 있었다. 누가 그들을 이끌어 줄 수 있을까? 누가 그들의 리더가 되어 줄까?

세상의 리더는 언제나 가진 자들이었다. 지식이나 돈이나 권세를 가진 자가 리더였다. 그들이 나를 따르라 외치면 힘없는 자들은 군소리 없이 따라야 했다. 교회에서도 별반 다를 바가 없다. 목사가 하나님 말씀을 받았고, 하나님 말씀을 깨달았으니 너희는 무조건 나를 따르라. 앞에서 외치는 구호에 따르지 않으면, 저주가 임할 것처럼 가르쳤다.

호주의 선교학자 마이클 프로스트(Michael Frost, 1961~)는 '아무도 타인의 목적의식을 위해 죽으려 하지 않는다. 사람은 자신의 목적의식을 위해서만 죽으려 한다'고 하였다. 아무리 목회자가 하나님의 말씀으로부터 받은 비전이라 할지라도 그것에 동의하고 따라가기는 쉽지 않다. 타인이 가진 비전과 목적을 향해 진심으로 따라가는 것은 결코 쉽지 않다.

설령 그것이 하나님이 주신 비전이라 할지라도 그렇다. 각자는 자신의 삶이 있고, 자신의 목적과 방향이 있기 때문이다. 타자의 비전과 나의 비전이 일치할 때가 아니고서는 타인의 요구나 명령에 순종하는 척할 뿐이지 진심은 아니다. 오늘날 사회는 그렇게 바뀌었다. 강단에서 하나님 말씀이라고 외친다고 해서 무조건 따르는 세상이 아니다.

크리스텐덤 사회는 복종과 순종을 가르쳤고, 따르지 않는 자에게는 강력한 물리력과 폭력을 행사하였다. 그러나 초대교회 상황은 크리스텐덤 상황이 아니었다. 확실한 지도자가 있는 것도 아니었다. 통신이나 교통이 불편하여 지도자를 자주 볼 수도 없었다.

베드로는 흩어져 뜨내기같이 사는 초대 교인들에게 권면한 리더십은 수직적 리더십이 아니었다. 그것은 수평적 리더십이었다.

"무엇보다도 뜨겁게 서로 사랑할지니 사랑은 허다한 죄를 덮느니라 서로 대접하기를 원망 없이 하고 각각 은사를 받은 대로 하나님의 여러 가지 은혜를 맡은 선한 청지기같이 서로 봉사하라"(벧전 4:8-10).

"서로"라는 말은 베드로만 사용한 말이 아니다. 바울이나 요한도 여러 차례 언급하였다. 그것은 초대교회 상황을 반영한 말이고, 명백히 수평적 리더십이다. 사도바울은 에베소서에서 초대교회의 다섯 가지 직분을 언급하였다.

"그가 어떤 사람은 사도로, 어떤 사람은 선지자로, 어떤 사람은 복음 전하는 자로, 어떤 사람은 목사와 교사로 삼으셨으니"(엡 4:11).

이 말씀은 신학교도 없고, 조직과 건물과 시스템도 없는 상태에서 하신 말씀이다. 아직 기독교가 조직 체계를 갖추지 않은 상태에서 하신 말씀이다. 그들에게 너희 중 어떤 사람은 사도로, 어떤 사람은 선지자로, 어떤 사람은 복음 전하는 자로, 어떤 사람은 목사로, 어떤 사람은 교사로 삼았다.

여기 '사도'는 예수님의 열두 제자들을 말하는 것이 아님은 분명하다. "어떤 사람"이라는 말을 다섯 가지 기능적 직분에 모두 적용하기 때문이다. 그건 불특정한 다수를 뜻하는 말이다. 그러므로 사도는 불신 지역을 순회하면서 복음으로 세상과 소통하는 사람이다. '선지자'는 주어진 상황의 영적 실상을 분별하고 그 말씀을 적절한 방식으로 나누는 사람이다.

어찌되었던 바울은 초대교회 상황에서 그들에게 각기 맡겨진 사역과 임무가 있음을 알려주고, 일인 리더십에 의해 움직이는 것이 아니라 팀 워크로 함께 교회를 이끌어 가야 함을 가르쳤다.

바울이 말하는 초대교회 리더십이나 베드로가 말하는 초대교회 리더 십은 큰 차이가 없다. 함께 상황을 논의하고, 함께 정보를 공유하고, 함 께 기도하고, 함께 문제를 풀어가고, 함께 결정하는 공유 리더십, 수평적 리더십, 관계형 리더십이다.

그러면 배가 산으로 올라갈까 봐 걱정하는 사람이 있을지 모르겠다. 바울이나 베드로가 그 점을 몰라서 이런 말을 한 것은 아니다. 배우지 못 하였기에, 아무것도 가진 것이 없기에, 연약하기에 더욱 하나로 뭉치고, 리더십을 공유하라고 권면하였다.

초대교회에서 이 점이 가능할 수 있었던 것은 소그룹으로 모였기 때 문이다. 오늘날 메가처치는 꿈도 꿀 수 없는 시스템이다. 초대교회 누구 도 현재와 같은 메가처치나, 국민 모두가 교인인 국가교회나, 기독교가 주축이 되어 정치를 좌우하는 상황을 생각하지 않았다.

그들은 함께 비전을 공유하고, 말씀을 공유하고, 리더십을 공유하고, 목적의식을 공유하는 작은 공동체를 생각하였다. 군대조직처럼 '너희는 아무 생각하지 말고, 무조건 복종하며 나만 따르라'는 것은 교회 공동체 라 말할 수 없다. 그건 공동체가 아니라 군대 조직이고, 야구 응원단이 다. 모여서 함께 소리칠 때는 모두가 하나인 듯하지만, 흩어지면 아무런 힘도 발휘하지 못하는 응원단일 뿐이다.

초대교회가 강력한 영적 영향력을 발휘한 것은 조직의 힘도 아니고, 건물의 힘도 아니고, 일사불란의 힘도 아니었다. 그들은 소수였지만, 분명한 목적의식과 비전을 함께 공유하면서 거기에 목숨을 걸고 도전하였다. 그것은 수평적 리더십을 실천하는 작은 공동체의 힘이었다.

현재 한국 교회는 점점 주변부로 밀려나고 있다. 세상은 기독교를 중심으로 인정하지 않는다. 기독교 지도자의 말을 귀담아듣지 않는다. 프랭카드 들고 구호를 외치면, 비웃음 받기 십상이다. 이제 기독교는 중심이 아니라 변두리로, 주변부로 완전히 밀려났다. 다만 깨닫지 못하고 있을 뿐이다.

한국 교회가 살려면 정신을 차리고 처음으로 돌아가야 한다. 수직적 리더십, 권위적 리더십, 카리스마적 리더십, 한 명의 영성에 기대는 리더십은 희망이 없다. 리더십을 내려놓고, 리더십을 나누고, 리더십을 함께하는 공유 리더십이어야 한다. 서로 세워 주고, 서로 사랑하고, 서로 섬기고, 서로 대접하고, 서로 존경하는 리더십이 회복되어야 한다.

리더십을 내려놓고, 리더십을 나누고,
리더십을 함께하는 공유 리더십이어야
한다. 서로 세워주고, 서로 사랑하고,
서로 섬기고, 서로 대접하고, 서로
존경하는 리더십이 회복되어야 한다.

베드로전서 4:11-19

고난과 고통에 대하여

고난과 고통을 좋아할 사람은 아무도 없다. 그만큼 아프고 힘들기 때문이다. 사람들은 고난을 당하면, 흔히 하나님께 매를 맞는다거나 징계를 받는다고 생각하는 경향이 있다. 성경은 고통이 죄의 결과라고 설명한다. 아담과 하와가 죄를 범하였을 때 하나님께서는 그들을 징계하는 의미로 고통을 더하셨다. 여자는 임신하고 해산하는 고통을 크게 받으며, 남자는 평생 수고하고 얼굴에 땀을 흘러야 먹을 수 있게 되었다. (창 3:16-19)

타락 이후 인간은 고통 속에 살아야 한다. 어떤 특정한 죄를 지은 사람만 고통당하는 것이 아니다. 모든 사람이 고통 가운데 있다. 그러므로 내가 현재 당하는 고통은 아주 예외적이며, 하나님의 특별한 징계라고 생각해서는 안 된다.

인간이 살아 숨을 쉬는 동안 고난과 고통을 피할 길은 없다. 그런데도 현대 문명은 고통을 피하려고 온갖 방법을 동원한다. 진통제나 마취제의 발명이 대표적이다. 사람은 의약품이 아니어도 조금이라도 편안하고, 안정된 것을 선택하는 경향이 있다. 돈이 많으면 편안할 것 같고, 권력이 있으면 안정될 것 같다고 생각한다. 안락과 안정을 추구하기 위하여 지금도 끊임없이 경쟁한다. 누가 중심에 설 것인지, 누가 정상에 자리할 것인지 목숨 걸고 싸운다.

고통의 원인이 죄라면 죄의 문제를 해결해야 하는데, 사람들은 세상의 수단과 방법으로 죄의 결과인 고통을 해결하려 한다. 단언하건대 돈이나 명예나 권세나 지식이 죄의 문제를 해결하지 못하고, 따라서 고통과 고난의 문제도 해결하지 못한다. 세상의 중심에 서고, 권세의 자리에 앉는다고 할지라도, 육신적으로 조금 편할지 모르지만 사람의 마음에 자리한 고통의 문제는 결코 해결할 수 없다.

사도 베드로는 고통의 문제를 역설적으로 풀어간다.

"사랑하는 자들아 너희를 연단하려고 오는 불 시험을 이상한 일 당하는 것 같이 이상히 여기지 말고 오히려 너희가 그리스도의 고난에 참여하는 것으로 즐거워하라."(벧전 4:12-13)

그리스도는 고난받으려고 이 땅에 오셨다. 그리스도는 철저하게 낮아졌고, 철저하게 외면당하였고, 철저하게 고난받으셨다. 건축가의 버린 돌처럼 그리스도는 고향 사람들에게 배척당하였고, 사회의 중심에 섰다고 자부하는 바리새인과 사두개인과 제사장들에게 거부당하였다. 심지어 백성마저 예수님을 택하느니 차라리 살인자 바라바를 택하겠다고 소리쳤다.

예수님은 사람들에게 수치를 당하였고 침 뱉음을 당하였다. 예수님은 기득권층, 중심부 사람들에게 받는 고난과 수치를 달게 받으셨다. 예수님은 그들로부터 밀려나서 주변부에 살아가는 사람들 곁에 가셨다. 예수님은 그들과 함께 모욕을 받으셨고, 그들과 함께 고난받으셨다.

예수님께서 기꺼이 고난받으시고 고통당하신 것은 이유가 있었다. 그것은 고통과 고난이 곧 회복이었고, 치료였고, 생명이었고, 부활이었기 때문이다. 예수님의 고난은 창조적 고난이었다. 사람들은 그가 고난받는 것이 하나님께 징계를 받아 매맞는다고 하였지만, 그것은 용서요 구원이었다. 예수님은 고난과 고통의 의미를 재해석하였다.

베드로는 예수님께서 재해석하신 고난의 의미를 흩어진 나그네들에게 가르쳤다. "치욕당하는 것이 복이다. 불 시험을 이상하게 여기지 말고 고난을 즐거워하라"(벧전 4:12-14). 너희가 변두리로 밀려난 인생을 사는 것은 저주가 아니다. 사람들에게 멸시를 받고, 억울하게 매를 맞고, 침 뱉음을 당하고, 조롱을 받는다고 스스로 자책하지 마라.

세상의 중심에 서 있는 기득권층은 자신의 안락과 편안을 빼앗길까 늘 전전긍긍한다. 그들은 남을 무시하고 멸시하고 외면함으로 자기 자리를 지킬 수 있다고 생각한다. 사람들을 줄 세워서 자신이 조금이라도 위에 있을 때 만족을 느낀다. 그들은 지켜야 할 것이 많고, 가져야 할 것이 많고, 경쟁에서 이기기를 소망하기 때문에 약한 자를 밀어내고 무시하고 벼랑 끝으로 몰고 간다.

증오는 느닷없이 폭발하는 것이 아니다. 증오 뒤에는 이데올로기가 숨어 있다. 그건 사회 체제를 유지하기 위한 명분으로 정치적 목적을 구하는 이데올로기이고, 사회를 망가뜨릴 것이라는 걱정을 불러일으키는 보수 우파 종교적 이데올로기이다.

어찌되었든 혐오, 증오, 멸시는 주변인, 난민, 약자를 향한다. 그들이 사회에 암적 요소라고 생각하고 반드시 제거해야 한다고 생각한다. '가라! 너희 나라로 가라! 이 이방인들아! 왜 우리의 빵과 떡을 빼앗으려고 하느냐!' 이러한 배척과 차별과 소외와 폭력을 경험한 변두리인은 정체성을 잃어버리고 삶의 의욕과 희망을 잃어버리기 쉽다.

실제로 세계 각지에 흩어져 떠돌이처럼 살았던 초대교회 성도들은 삶의 의미를 잃어버렸을지 모른다. 세상에서 외면당하고 수치를 당하다가 보면 '내가 왜 살아야 하지?' 하는 의문을 가지게 된다. 바벨론에 포로로 끌려간 사람들도 비슷한 고민을 하였다. '하나님이 우리를 버리셨나 보다. 하나님이 우리를 징계하셨구나. 하나님이 우리를 이제 사랑하지 않는가 보다.' 포로로 끌려가 고난당하는 이스라엘 백성의 자연스러운 생각이었다. 그때 선지자들이 외쳤다.

"스올의 깊은 음부에 떨어져야 인간 비극의 참상, 인간 죄성의 끝을 보게 된다. 그리고 그곳에 하나님을 찾으며, 하나님을 만나 구원을 경험하고, 세상 그 누구도 내쳐질 사람이 없다는 사실을 깨달아 복음의 사도가 된다. 지옥 끝자락에 서서야 비로소 진정 거듭나게 된다. 그는 하나님의 사람이 되어 세상에 억울함이 없는 공평하고 정의로운 하나님 나라를 건설하는 역군이 된다."

초대교회의 흩어진 나그네들도 하나님께 사명을 받았다. 세상에서 성공하지 말고, 세상에서 인정받으려 하지 말고, 세상의 중심에 서기를 원하지 말고, 너희는 이제부터 하나님 나라를 건설하는 역군이 되라! 그 나라는 정의로운 나라요, 공평한 나라요, 약자를 배려하는 나라요, 그 어떤 경우에도, 그 어떤 사람도 소외와 멸시와 천대와 비웃음과 증오와 거부를 당하지 않는 나라 곧 사랑으로 충만한 하나님 나라를 만들어라!

누구보다도 아파 보았기에, 누구보다도 고통을 알기에, 누구보다도 남몰래 눈물을 많이 흘려 보았기에 이제 진정 하나님이 기뻐하시는 나라를 만드는 사람이 될 수 있다. 매도 맞아 본 사람이 맞는다고 하였다. 누구보다도 고통과 고난을 많이 겪어 본 사람이기에 이제 그 고난과 고통을 정면으로 맞부딪쳐 나아가라. 오히려 기쁘게 여겨라. 오히려 당당하여라. 너희는 하나님의 백성이요, 하나님 나라를 이루는 일꾼이다.

지금까지는 삶의 목적도 방향도 없이 살았지만, 지금까지 삶의 의미를 찾지 못하여 방황하였지만, 이제 저들은 하나님께 소명받은 자의 삶을 살게 되었다. 세상 나라를 세우기 위함이 아니라, 하나님 나라를 세우기 위한 사람으로 부름받았다. 세상에서 고난은 당연하다. 그러므로 고난은 십자가이며 동시에 영광이다.

"만일 그리스도인으로 고난을 받으면 부끄러워하지 말고 도리어 그 이름으로 하나님께 영광을 돌리라."(벧전 4:16)

나그네의 리더는 낮은 자리

KBS 드라마 〈불멸의 이순신〉에서 명량해전을 앞두고 이순신은 연설하였다.

조선 수군은 패배할 것이다.
우리 모두는 전멸할 것이며,
그러므로 이곳 명량의 바다는
조선 수군의 무덤이 될 것이다.

적이 그렇게 믿고 있다.
또한 대부분의 아군도 우리 조선 수군의
패배를 기정사실로 받아들이고 있다.

나는 지난 6년간, 수많은 전장에 부하들을 세워 왔고,

단 한 번도 진 바 없다.

나는! 승리를 확신하지 못하는 전장으로

부하들을 이끈 바 없기 때문이다.

허나 이번에는 나 역시 아무것도 자신할 수 없다.

수십 배에 달하는 적과 싸우기에 우리가 가진 병력이 너무도 일천하며,

또한 우리 수군이 싸워야 할 울돌목의 저 험준한 역류는,

왜적보다 더욱 무서운 적이 되어 우리 앞을 가로막을 것이다.

그럼에도!

이 모든 악조건을 모두 안고서라도!

나는 그대들과 더불어 전장으로 나아갈 것을 희망한다!

승리에 대한 확신은 없다.

단 한 명의 전사자도 없이 전장을 벗어나리라 장담할 수도 없다!

오직 내가 할 수 있는 유일한 약조는,

내가, 조선 수군의 최전선을 지키는 전위군이 되겠다는 것!

그것뿐이다!

대장선이 가장 먼저 적진으로 진격할 것이며,

적을 섬멸하지 않는 한 결코 이 바다를 벗어나지 않을 것이다!

살고자 하면 죽을 것이요. 죽고자 하면 살 것이니,

목숨과 바꿔서라도 이 조국을 지키고 싶은 자,

나를 따르라!!

12척의 배로 133척을 보유한 왜군과의 싸움은 패배가 뻔하였다. 패배와 죽음을 앞두고 이순신은 부하들에게 한 가지를 약조하였다. 그건 자신의 배가 가장 먼저 적진으로 진격할 것이며, 적을 섬멸하지 않는 한 절대 물러나지 않겠다는 약속이었다. 그는 약속을 지켰으며 명량 해전에서 대승을 거두었다. 그가 세계적인 명장이 된 이유는 죽음을 두려워하지 않고 솔선수범하였기 때문이다.

베드로는 자신을 그리스도의 고난을 증언하는 자라고 하였다. 그것은 그리스도가 고난받는 것을 보았다는 뜻이며, 동시에 그도 그리스도가 받았던 고난을 받았다는 뜻이다. 초대교회 구성원은 오합지졸이었다. 흩어진 나그네는 살기 위해 못할 짓이 없었다.

그들은 살기 위해서 고향을 떠났다. 뿔뿔이 흩어진 오합지졸이 되어 기존 사회에서 온갖 모욕과 수모를 당해도 끝까지 버텨내며 살았다. 이들에게 죽음과 고난은 결코 바라는 것이 아니다. 살기 위해서라면 못할 짓이 없고, 또 다른 곳으로 얼마든지 이주할 수 있다.

그런데 초대 기독교 공동체가 죽음을 무서워하지 않고, 순교의 자리에 나갈 수 있었던 가장 큰 요인은 앞에 선 리더의 모범이었다. 베드로는 담대하게 자신을 그리스도의 고난의 증인이라고 하였다. 우리 앞에 죽음이 있다면, 나는 먼저 달려갈 것이다. 희생하라면, 순교하라면 첫 번째는 바로 나다. 초대교회 리더는 세상의 부귀와 영화와 명성을 원하지 않았다. 성공하기 위하여, 큰 교회 담임목사가 되기 위하여 신학교 가는 일은 꿈도 꾸지 않았다. 초대교회 리더는 세상의 영광을 소망하지 않았다. 그들은 하나님 나라 영광을 추구하였다. 그들은 그 영광을 위하여 죽기로 다짐하였다.

로빈 마이어스(Robin R. Meyers, 1952~)는 그의 책『언더그라운드 교회』에서 이렇게 말했다. '깨어 보니 콘스탄티누스 황제의 침대였다.' 콘스탄티누스 황제가 기독교를 공인한 날은 교회와 세상 권력이 동침한 날이었다. 언제나 핍박받던 교회는 세상 권세가 주는 독배를 마셨다. 그날 교회는 자신의 영혼을 팔아먹었다.

콘스탄티누스 황제는 금으로 입힌 교회를 지어주었다. 권력자들이 줄을 지어 교회로 밀려들어 왔다. 교회는 하루아침에 돈벼락을 맞았다. 성직자는 세금을 면제받았고, 커다란 영지를 받았으며, 높은 자리에서 큰소리를 떵떵 치게 되었다. 그날부터 입는 옷이 달라지고, 잠자는 곳이 달라지고, 사람들 보는 눈이 달라졌다. 이제 지하 무덤인 카타콤에 들어갈 일은 없어졌다. 다시는 사람들 눈치 보며 이 산 저 산 피해 다니며 예배드릴 일도 없어졌다. 원형 경기장에 끌려가 사자의 밥이 되는 일도 없고, 주를 위하여 희생할 일도 없어졌다. 그들은 영혼을 팔아 넘긴 대가로 세상이 주는 무한한 권세와 향락을 누릴 수 있었다.

그 영향이 지금까지 내려오고 있다. 현재 교회 지도자는 고난도, 희생도, 순교도, 십자가도 꿈꾸지 않는다. 그들은 영광만 꿈꾼다. 삶과 죽음으로 모범을 보이던 리더의 모습은 보이지 않는다.

"리더는 더러운 이득을 위하여 하지 말고 주장하는 자세로 하지 말고 양 무리의 본이 되라." 초대교회 리더에게 주는 베드로의 권면이다. 양 무리의 본이 되라는 말은 예수 잘 믿으면 나처럼 복 받는다는 뜻으로 본이 되라는 말이 아니다. 양 무리의 본이 되라는 말은 세상이 주려는 복을 다 물리치고, 하나님 나라의 복을 추구하라는 뜻이다. 세상 부귀와 권세를 주겠다는 사단의 유혹 앞에 영혼을 팔아넘기지 말라는 뜻이다.

초대교회 리더는 고난을 받고 죽임을 당하더라도 세상 유혹을 거절하고 하나님 나라 영광을 바라보았다. 초대교회 리더는 현재의 고난 너머에 있는 영광을 보았다. 자신만 볼 뿐 아니라 공동체 구성원 모두에게도 장차 나타날 영광을 보도록 이끌었다. 초대교회 공동체가 꿈꾸는 나라는 결코 세상 나라와 손잡고 동침하지 않는다. 그들은 하나님 나라를 꿈꾸었다. 그들은 하나님 나라를 바라보았다. 그들은 이 땅에 하나님 나라 공동체를 이루기 위하여 힘을 다했다. 그들의 소망과 비전은 결단코 세상에 있지 않았다.

마틴 루터 킹 목사는 암살되기 전날 밤 마지막 연설을 하였다. 마치 자기 죽음을 예견이라도 하는 듯 그는 놀라운 예언자적 설교를 하였다. 그는 위대한 비전을 보았고, 그 비전을 공유하였다.

"누구나 그렇듯이, 나 역시 오래 살기를 바랍니다. 사람이 장수하는 경우도 있습니다. 그러나 지금 나는 그것에 연연하지 않습니다. 다만 나는 하나님의 뜻을 행하고자 할 뿐입니다. 그분은 내가 산에 오르는 것을 허락하셨습니다. 그리고 나는 저 너머를 바라다보았습니다. 약속의 땅을 보았습니다. 어쩌면 나는 여러분과 함께 그곳에 가지 못할지도 모릅니다. 하지만 오늘 밤 여러분이 알았으면 합니다. 우리가 한 백성으로서 그 약속의 땅에 이르게 되리라는 것입니다."

기독교 신앙은 윤리를 가르치기 전에 하나님 나라를 보는 눈을 열어 준다. 가야 할 길을 보지 못하고 행하는 것처럼 어리석은 일이 없다. 오늘날 그리스도인은 목표와 방향을 상실하였다. 초대교회 공동체는 한 가지 공통 목적이 있었다. 비록 본도, 갈라디아, 갑바도기아, 아시아와 비두니아에 흩어져 있었지만, 그들은 모두 하나님 나라 공동체를 만들려는 소망으로 가득하였다. 그러므로 그리스도인이라면, 어느 교회 공동체를 가도 환영받았으며, 어느 교회 공동체를 가도 신앙을 공유할 수 있었다. 그것은 그들의 지향점이 일치했다는 뜻이다. 초대교회는 사도의 편지를 공유했으며, 비전을 공유했으며, 목표를 공유했다.

마지막으로 초대교회 리더십은 낮아짐의 리더십이고, 성육신의 리더십이었다. 하늘 보좌에서 지도하는 리더십이 아니라 낮고 천한 자리에 내려와서 함께 호흡하는 리더십이었다. 베드로는 권면하였다.

"젊은 사람들은 지도자를 따라야 합니다. 그러나 지도자와 따르는 사람 모두가 서로에게 겸손해야 합니다. 하나님께서 교만한 사람은 물리치시지만 겸손한 사람은 기뻐하십니다."(벧전 5:5, 메시지성경)

베드로 사도는 지도자나 따르는 자가 모두 서로에게 겸손하라고 권면하였다. 최고 높은 자리에서 명령하고 지도하는 세상 리더십으로는 하나님 나라 공동체를 이끌 수 없다. 가장 낮은 자리로 내려오는 리더십이야말로 하나님 나라 공동체의 리더십이다.

그리스도인이
되었다고 결정하는
순간, 그들은
이 세상의 소망을
포기하였다. 그들의
소망은 이 땅이 아니라
하나님 나라의
영광이었다.

부활의 신앙, 종말론적 신앙

흩어진 나그네는 떨어질래야 더 떨어질 곳이 없었다. 그들은 고향을 등졌고, 새로 정착한 곳에서 이방인과 나그네라고 차별과 배제를 경험하였다.

필리핀에서 선교할 때, 중앙선을 넘어와 내 차를 박은 지프니 운전자와 실랑이를 벌인 적이 있다. 놀랍게도 경찰은 내가 잘못했으니 지프니 운전자에게 배상하라고 하였다. 중앙선을 넘어온 지프니는 거의 탱크 수준이어서 흠집난 곳이 하나도 없었고, 낡은 나의 차는 범퍼가 완전히 찌그러졌다. 그때 깨달았다. 난 이곳 사람이 아니고 이방인이었다. 미국에 와서도 이방인과 나그네의 심정을 절실히 느낀다. 마음을 강하게 다잡아 보지만, 난 이곳 사람이 아니었다.

2,000년 전 세계 각처에 떠돌아다니며 살던 나그네 인생의 고달픔과

서러움과 눈물을 어찌 헤아릴 수 있겠는가? 처음 그리스도인이 살았던 삶의 자리는 바로 그러하였다. 베드로는 그들에게 "너희 믿음을 굳건하게 하라"고 권면하였다. "너희 대적 마귀가 우는 사자 같이 두루 다니며 삼킬 자를 찾고"있기 때문이다. 처음 그리스도인은 고난을 당연한 것으로 여겼다. 그리스도인이 되겠다고 결정하는 순간, 이 세상의 소망을 포기하였다. 그들의 소망은 이 땅이 아니라 하나님 나라의 영광이었다.

베드로는 흩어진 나그네들에게 종말론적 신앙을 강조하였다.

"모든 은혜의 하나님 곧 그리스도 안에서 너희를 부르사 자기의 영원한 영광에 들어가게 하신 이가 잠깐 고난을 당한 너희를 친히 온전하게 하시며 굳건하게 하시며 강하게 하시며 터를 견고하게 하시리라. 권능이 세세 무궁하도록 그에게 있을지어다. 아멘."(벧전 5:10-11)

베드로는 슬펐을까? 세상에서 멸시와 천대, 차별과 배제를 당하는 그리스도인이 불쌍해 보였을까? 아니다. 절대 아니다. 베드로는 지금 영원한 영광에 들어갈 비전을 이야기한다. 그는 권능이 세세 무궁하도록 있으신 하나님을 찬양한다. 여기서 우리는 흩어진 나그네들이 가졌던 종말론적 신앙을 새겨보아야 한다. 오늘 우리 그리스도인이 잃어버린 신앙이기 때문이다.

그리스도인은 옛사람을 예수 그리스도와 함께 십자가 못박고 새사람으로 거듭났다. 새사람을 입으려면 반드시 옛사람이 죽어야 한다. 영광스러운 하나님 나라, 즉 새 하늘과 새 땅이 나타나려면, 지금 있는 땅은 해체되어야 마땅하다.

그런데 언제부터인가 우리는 이러한 말들을 추상적으로, 혹은 신학적으로, 혹은 이론적으로만 이해하는 경향이 있다. 초대 그리스도인은 이론이 아니라 실천하며 살았다. 그들은 언제나 죽음을 코앞에 두고 살았다. 언제 어느 순간 돌에 맞아 죽을지, 동네에서 쫓겨나 들개처럼 떠돌다가 굶주려 죽을지 몰랐다. 그들에게 죽음은 추상도 이론도 신학도 아니었다. 현실이었다.

바울이 "우리가 알거니와 우리의 옛사람이 예수와 함께 십자가에 못박힌 것은 죄의 몸이 죽어 다시는 우리가 죄에게 종노릇하지 아니하려 함이니"라고 말할 때 그들은 그 말씀이 온몸으로 다가왔다. 그들은 눈앞에 있는 죽음이 무섭고 두렵긴 하지만 피할 생각은 없었다. 그들은 죄에 얽매여 세상에서 종노릇하며 살고 싶지 않았다. 그들은 당당한 그리스도인으로, 하나님의 백성으로 영광의 나라에서 살고 싶었다.

그들이 세상에 살면서 뼈저리게 느꼈던 것은 세상 나라와 하나님 나라, 세상 왕의 통치와 하나님의 통치가 자주 부딪힌다는 사실이다. 결국 어느 하나는 파괴되고 멸망할 수밖에 없다. 초대 그리스도인은 확신하였다. 비록 지금은 패배하는 것 같고, 비록 지금은 망하는 것 같고, 아니 실제로 죽임을 당하지만, 하나님의 통치는 세세 무궁하도록 있을 것이며, 영원한 영광의 나라는 반드시 올 것이다. 하나님 나라는 승리하리라. 그들은 영광스러운 종말을 확신하였다.

예수 그리스도는 죽음을 통한 승리, 자신을 희생함으로 얻게 되는 구원, 십자가를 통한 영광을 몸소 보여주셨다. 예수 그리스도의 십자가 너머 부활이 그것을 증거한다. 만일 부활이 없었더라면 교회는 없었을 것이다. 만일 부활이 없었더라면 믿음도 없었을 것이다. 십자가와 부활은 처음 그리스도인의 핵심 믿음이었다.

십자가는 희생이고, 고난이고, 내어줌이고, 고통이고, 눈물이고, 죽음이지만 동시에 그것은 승리이고, 영광이고, 구원이고, 치유이고, 회복이고, 기쁨이고, 생명이다. 부활은 십자가의 희생과 죽음이 결코 거짓이 아니라는 사실을 증명한다. 그런 면에서 부활은 그리스도인이 장차 맛볼 영광의 첫 열매이고, 맛보기이다.

그들은 하나님 나라를 맛보았다. 그들은 하나님의 통치가 얼마나 복되고 좋은지 그들의 공동체를 통하여 느꼈다. 그들은 장차 주어질 영광스러운 하나님 나라를 사모하였다. 그러기에 그들은 십자가를 마다하지 않았다. 그들은 결코 세상의 성공과 축복을 바라지 않았다. 심지어 그들은 교회의 성장과 부흥도 원하지 않았다.

그들이 원한 것은 예수 그리스도의 십자가를 통한 복음이었다. 초대교회가 큰 교회를 짓고, 많은 사람이 몰려오고, 쌓을 곳이 없도록 헌금을 쌓는 꿈을 꾸었을까? 절대 아니다. 그들은 희생을 꿈꾸었고, 고난을 꿈꾸었다. 그들은 십자가를 사랑하였지, 세상을 사랑하지 않았다.

이건 이론도 아니고, 누군가에 의해 세뇌당한 것도 아니다. 이건 성령 하나님께서 십자가와 부활을 통하여 그들에게 허락하신 믿음이었다. 성령 하나님은 그리스도인에게 장차 나타날 영광의 나라를 상속할 자임을 보증하신다(롬 8:17). 성령 하나님은 그리스도인에게 죽을 몸도 다시 살게 할 것이라는 확신을 주신다(롬 8:11). 성령 하나님은 죽을 것이 생명에 삼켜질 것임을 상기시킨다(고후 5:4-5). 그러므로 성령 하나님은 기꺼이 육신에 대항하여, 세상에 대항하여, 죽음에 대항하여 싸울 수 있도록 하신다 (갈 5:17).

바울은 고백하였다.

"내가 그리스도와 함께 십자가에 못 박혔나니 그런즉 이제는 내가 사는 것이 아니요 오직 내 안에 그리스도께서 사시는 것이라 이제 내가 육체 가운데 사는 것은 나를 사랑하사 나를 위하여 자기 자신을 버리신 하나님의 아들을 믿는 믿음 안에서 사는 것이라."(갈 2:20)

초대 그리스도인은 고난과 죽음과 차별과 외면과 눈물과 희생과 죽음을 앞에 두고 살았다. 그들이 그럴 수 있었던 것은 부활의 신앙, 곧 종말론적 신앙이 있었기 때문이다. 끝까지 이 소망을 붙들고, 그것을 자랑스러워하는 그리스도인이라면 그는 참된 하나님의 가족임이 틀림없다 (히 3:6).

오늘 우리는 참된 그리스도인인가? 우리는 세상을 원하는가? 하나님 나라를 원하는가? 우리는 세상이 주는 것을 원하는가? 하나님 나라의 통치를 원하는가? 우리는 고난보다 편안을, 눈물보다 기쁨을, 비움보다 얻음을, 희생보다 영광을, 섬김보다 축복을 더 원하지 않는가? 초대 그리스도인이 생명 바쳐 지켰던 종말론적 신앙을 우리는 어디에서 잃어버린 것인가?

주
이 글은 레슬리 뉴비긴이 쓴 『교회란 무엇인가』에 힘입은 바 크다.

PART
04

교회를 향한 편지, 베드로후서

약자의 종교여야 한다

19대 비례대표 국회의원으로 활동했던 이자스민 씨가 있다. 1995년 대학 재학 중 항해사였던 이동호 씨를 만나 결혼하고, 1998년 한국으로 귀화하였다. 2010년 사고로 남편을 잃은 후 1남 1녀 자녀를 키우다 19대 새누리당 비례대표 국회의원이 되었다.

귀화한 지 20년이 지났는데 지금도 그녀의 인터뷰 기사에 '너희 나라로 돌아가라'는 악성 댓글이 달린다. 대한민국 국회의원이었지만, 그녀는 여전히 이방인이었다. 자기 나라를 떠나는 순간 누구나 약자가 된다. 현재 대한민국에 사는 사람은 자신이 주류인 줄 생각하지만, 외국에 유학을 가거나, 파견 근무를 하거나, 이민 가면 그는 즉시 약자의 설움과 아픔을 겪어야 한다.

초대교회 교인들은 약자였다. 그들은 어디에서도 누구에게도 자신의 신앙을 드러낼 수 없었다. 기독교인이란 사실이 알려지는 순간, 사람들은 그를 벌레 보듯 피하였다. 그들은 마음놓고 예배드릴 수 없었다. 그들은 약자였고, 소수자였고, 이방인이었고, 타자였다. 베드로의 표현을 빌리면 점점이 흩어진 나그네였다.

아브라함이 고향을 떠나 가나안 땅에 들어설 때 약자였다. 우리는 흔히 아브라함이 받은 복에 관심을 두지만, 그가 새로운 땅에서 소외와 혐오를 받으며 흘렸을 눈물은 잘 모른다. 아브라함은 자기 부인 사라가 죽었을 때 묻어 줄 땅 한 평이 없었다. 이삭은 우물을 팔 때마다 블레셋 사람들이 와서 우물을 메꾸고 쫓아내었다. 롯은 천사를 영접하였다가 소돔과 고모라 백성에게 봉변을 당하였다. 그 땅에 수십 년간 발을 붙이고 살아도 그들은 언제나 이방인이었고, 걸핏하면 '너희 나라로 돌아가라'는 소리를 들었다.

믿음은 물질의 복을 누리며 증명하는 것이 아니다. 믿음은 점점이 흩어져 약자로 살아가면서 지켜야 하는 것이다. 약자로서 인간의 무기력함, 인간의 죄성, 인간의 무서움을 느끼며 온전히 하나님만 의지하고 신뢰하는 것을 배운다. 모든 것이 여유롭고 편안한 중심에서는 결코 배울 수 없다. 참된 신앙은 주변부에서, 나그네의 삶을 살아가면서 배운다. 하나님께서 갈대아 우르(세계 제국의 수도이자 중심)에서 떠나 가나안(변방, 타국)으로 떠나라 하신 이유는 나그네(약자)로 살면서 믿음을 나타내라는 뜻이다.

일찍이 애굽의 노예된 이스라엘을 구원하면서 여러 차례 말씀하신 것은 "애굽의 종되었던" 본질을 잊지 말라는 것이었다. 종(노예, 나그네, 약자)의 정체성을 잊지 말고 고아와 과부를 돌보라고 명령하였다. 그러나 그들이 나라를 가지고, 왕을 세우고, 군대를 만들고, 물질을 쌓으면서 약자의 정체성을 상실하였다. 그건 하나님께서 세우라고 하신 나라도 아니고, 하나님 백성의 모습도 아니었다.

하나님께서 바벨론을 사용하여 이스라엘을 멸망시키고 바벨론의 포로가 되게 하신 이유도 아브라함을 부르실 때 이유와 같다. 약자의 삶을 살면서 온몸으로 약자의 아픔과 고통을 다시 겪어 보라는 뜻이다.

초대 기독교는 약자의 종교였다. 예수님은 제자들에게 땅끝까지 흩어져 복음의 증인이 되라고 하였다. 우리는 "증인"이라는 말에 초점을 두지만, 나는 증인이 되기 위하여 먼저 "흩어짐"에 초점을 두어야 한다고 생각한다. 자기 나라를 떠나야 하는 흩어짐(go)은 곧 낮아짐이다.

그 자리에 가 보면 이방인이 겪어야 할 아픔을 온전히 느낀다. 약자가 당해야 할 설움을 확실히 체험한다. 타자가 될 때 비로소 환대가 얼마나 소중하고, 사랑과 용서가 얼마나 귀한지 깨닫는다. 복음은 바로 그때 진정 전해질 수 있다. 예수님이 복음의 증인이 되라고 하신 것은 멋진 양복 입고 일등석 비행기를 타고 오지에 가서 돈을 뿌리며 선교하라는 뜻이 아니다.

베드로는 흩어진 나그네에게 주의를 환기시킨다. 기독교가 약자로서 주의해야 할 것은 세상에 휩쓸리거나, 세상을 부러워하거나, 세상에 취하여서는 안 된다. 약자는 자신의 정체성을 분명히 해야 한다. 간혹 커밍아웃하면서 죽어야 할 때가 있다. 그렇지만 순교하는 자리에 가서도 당당하려면 자신의 정체성이 흔들려서는 안 된다.

베드로는 약자의 정체성을 분명히 하는 첫걸음으로 "하나님을 알라"고 권면한다. 하나님이 어떤 분이신지, 하나님이 나와 어떤 관계가 있는지 확고히 하라고 권면한다.

"하나님께서는, 우리가 그를 앎으로 말미암아 생명과 경건에 이르게 하는 모든 것을, 그의 권능으로 우리에게 주셨습니다. 하나님은 우리를 부르셔서 그의 영광과 덕을 누리게 해 주신 분이십니다."(벧후 1:3 새번역)

그리스도인의 최고 목표는 하나님을 아는 것이다. 오늘날 가장 큰 문제는 세상이 아니다. 세상이 바로 서지 못함이 문제가 아니고, 세상에 바른 법이 없는 것이 문제가 아니다. 가장 큰 문제는 교회다. 영적 영향력을 상실한 교회와 그리스도인이 가장 큰 문제다.

교회와 그리스도인이 본질을 잃어버렸다. 그리스도인은 예수의 제자가 아니라 종교인이 되었다. 하늘 영광 보좌를 버리고 낮고 낮은 자리에서 사람들에게 멸시와 모욕을 받는 죄인의 자리로 성육신하신 예수의 제자가 아니다. 최고의 권좌에 앉아서 부귀와 권세와 영광을 누리고자 하는 욕심 많은 종교인으로 바뀌었다. 현재 그리스도인은 약자도 아니고 나그네도 아니고 타자도 아니고 낮은 자도 아니다. 현재 그리스도인은 기득권층이고, 주류이고, 가진 자이다.

진정한 그리스도인이 되려면 하나님을 알아야 한다. 하나님이 어떤 분인지, 하나님이 왜 예수님을 이 땅에 보내셨는지 알아야 한다. 예수님께서 왜 낮아지셨는지, 왜 섬기셨는지, 왜 고난당하셨는지, 왜 죽으셨는지 알아야 한다.

예수님은 중간에 막힌 담을 허물고 화목하게 하기 위하여 오셨다. 하나님과 우리 사이뿐만 아니라, 사람과 사람 사이도 회복하려 하심이다. 그러므로 복음 안에는 차별이 없고, 혐오가 없다. 유대인이나 이방인이나, 남자나 여자나, 유대인이나 이방인이나, 종이나 자유자나 모두 중간에 막힌 담을 헐고 예수 그리스도 안에서 하나 된 하나님의 공동체를 만드는 것이 주님께서 이루시려는 구원이다.

두번째, 기독교가 약자로서 이 땅에서 복음을 전파하며 살아남기 위해서 반드시 해야 할 것은 하나님과 같이 되는 것이다. 베드로는 말하였다. "그는 이 영광과 덕으로 귀중하고 아주 위대한 약속들을 우리에게 주셨습니다. 그것은 이 약속들로 말미암아 여러분이 세상에서 정욕 때문에 부패하는 사람이 되는 것이 아니라, 하나님의 성품에 참여하는 사람이 되게 하시려는 것입니다."(벧후 1:4 새번역)

베드로는 세상에서 정욕 때문에 부패하는 경우를 경계하였다. 이는 개인적으로도 교회적으로도 의미있게 받아야 한다. 신앙생활의 목적이 개인의 욕심을 채우기 위한 것이나, 세상에서 성공과 승리를 위함이 되어선 안 된다. 교회도 정욕으로 부패하면 안 된다.

나는 오늘날 교회가 종교 단체로 보여서 가슴이 아프다. 겉으로는 하나님께 영광을 돌리고 하나님께 예배한다고 하지만, 사실은 사람 비위를 맞추기에 급급할 때가 있다. 고객 만족을 위해 애쓰는 회사처럼, 자기 교회가 얼마나 멋진 프로그램을 갖추었고, 주차장을 완비하고, 어린이를 위한 부대 시설도 훌륭하고, 화려한 조명과 성가대와 예배 분위기를 갖추었는지 자랑한다. 한 번만 와 보라고 선전한다.

그들은 하나님께 영광, 하나님께 예배드리는 데 관심이 없고 사람을 모으는 데만 관심이 있다. 겉으로는 영혼 구원의 열정이라 하지만, 사실은 교회를 유지하고 헌금을 모으기 위한 목적일 때가 많다. 그들은 다른 교회가 죽든 말든 상관하지 않고 오직 자기 교회만 성장하기를 소망한다. 지독히도 이기적이다.

그들은 주류 종교인이고, 기득권에 서 있는 종교인이다. 그들은 아파하는 사람과 같이 아파하지 않고, 눈물 흘리는 사람과 함께 눈물 흘리지 않는다. 죄인을 구원하기 위하여 자기 아들까지 희생하신 하나님 아버지의 성품을 알지 못한다.

그들은 낮은 자리에서 진실하고 참되게 신앙생활하려는 사람을 오히려 멸시하고 조롱한다. 그들은 예수님 당시 바리새인이요, 사두개인이요, 제사장이다. 하나님의 마음, 하나님의 성품, 하나님의 사랑, 하나님의 용서, 하나님의 은혜는 눈곱만큼도 알지 못한다.

뿔뿔이 흩어져 약자로 살아가던 초대 교인에게 이 험한 세상에서 살아남기 위한 가장 기본적인 방법은 하나님을 아는 것, 하나님과 바른 관계를 맺는 것, 하나님의 마음을 읽어내는 것, 하나님의 감정을 공유하는 것, 하나님이 아파하는 것에 나도 아파하고, 하나님이 슬퍼하는 것에 나도 슬퍼하는 것이다. 오늘날 교회(그리스도인)가 다시 살아나려면 약자의 종교성을 다시 회복해야 한다.

"너희가 더욱 힘써 믿음에 덕을, 덕에 지식을,

지식에 절제를, 절제에 인내를, 인내에 경건을,

경건에 형제 우애를, 형제 우애에 사랑을 더하라."

_벤후 1:5-7

2

베드로후서 1:5-10

부르심과 택하심

초대 그리스도인은 우리보다 잘난 점이 하나도 없다. 지식, 문화, 교양, 물질, 건강, 사회적 지위 모든 면에서 우리가 그들보다 앞선다. 종교적으로는 더 비교할 것이 없다. 우리는 아름다운 예배당에서 마음 편안하게 예배드릴 수 있다. 성가대의 찬양은 감미롭고, 설교는 따뜻하고 부드럽다. 교회 편의시설은 더할 나위 없이 좋다. 주차장부터 시작하여 예배당 건물은 안락하기 그지없다. 교회마다 다양한 프로그램이 있어 자녀교육에서 성인의 신앙교육까지 모든 것을 완비하였다.

초대교회는 건물이 없었다. 정식 신학 교육을 받고 설교학을 배운 지도자도 없었다. 마음놓고 신앙생활하는 것은 꿈도 꾸지 못하였다. 사실상 크리스천 대부분은 문맹자였다. 돈도 없고 사회적 지위도 없어서 언제나 멸시받는 혐오의 대상이었다. 아마 며칠씩 목욕을 못해서 몸에 냄

185

part 4 ● 교회를 향한 편지, 베드로후서

새도 났을 것이다.

그런 그리스도인에게 베드로는 요구하였다. "너희가 더욱 힘써 믿음에 덕을, 덕에 지식을, 지식에 절제를, 절제에 인내를, 인내에 경건을, 경건에 형제 우애를, 형제 우애에 사랑을 더하라."(벧후 1:5-7) 초대 그리스도인의 모습이 어떤지 잘 모르겠지만, 그들의 성품과 정체성은 베드로가 권면하는 말씀 속에 잘 드러난다. 현대 그리스도인과 초대 그리스도인이 달라도 너무 다르다. 현대에 그리스도인이 된다는 것은 단지 교회에 나가 예수를 믿는다고 말하면 된다. 어떻게 이렇게 다를 수 있을까?

우리와 초대 그리스도인은 모두 같은 인간이다. 인간이란 성경이 말하는 바 원래 아무것도 할 수 없는 존재이다. "의인은 없나니 하나도 없다." 그런데 베드로는 초대 그리스도인에게 (우리가 생각하기에) 엄청난 것을 요구하였다.

도대체 지난 2,000년 동안 무슨 일이 일어난 건가? 우리가 기독교 역사를 다시 한 번 주의 깊게 살펴보아야 한다. 기독교는 지난 역사를 통하여 조금씩 그리스도인의 기준을 낮추었다. 단지 교회 나오는 것만 중요하고, 단지 교회를 채우는 것만 중요하게 생각하는 단계로 낮아졌다. 그가 진실한 그리스도인인지 아닌지는 중요하지 않았다.

이스라엘이 멸망하기 전 하나님께서 예레미야에게 말씀하셨다. "너희는 예루살렘 거리로 빨리 다니며 그 넓은 거리에서 찾아보고 알라 너희가 만일 정의를 행하며 진리를 구하는 자를 한 사람이라도 찾으면 내가 이 성읍을 용서하리라."(렘 5:1) 백성 전체가 하나님을 믿는다고 고백하는 데 '정의를 행하며 진리를 구하는 한 사람'이 없었다. 어쩌다가 이스라엘이 이렇게 되었을까?

달라스 윌라드는 이런 말을 하였다. "아시시에 가면 많은 사람 입에서 성 프란체스코 이야기가 떠나지 않는다. 그를 기념하는 기념물도 많고, 기념품을 팔아서 한몫 보는 상점도 많다. 그러나 프란체스코가 품었던 불을 품은 사람은 없다. 좋은 사람이 많은 것은 분명하지만, 그들에게는 프란체스코의 성품도 없고, 프란체스코의 행위도 없고, 그에게 나타났던 결과도 없다." 아시시에는 좋은 사람이 많다. 그러나 그들이 자랑하는 프란체스코의 정신을 따르는 사람은 없다. 오늘 한국 교회도 이런 모습이 아닐까?

한국 교회 지도자는 겁쟁이다. 참된 그리스도인의 기준을 높이면 많은 사람이 교회를 떠날 것으로 생각하기에 겁쟁이다. 참된 제자훈련을 실행하면 교인들이 싫어할 것으로 생각하고 저들의 귀만 간지럽히는 소리를 한다. 베드로는 처음 예수를 믿는 사람이 불학무식하든, 할머니든 어린이든 분명한 기준을 제시하였다. 하나님께서 너희에게 보배로운 믿음을 주셨으니 그 위에 덕을 쌓아라. 그것은 도덕적 능력이고 영적 영향력을 발휘하는 힘이다. 믿음은 단지 어떤 상태를 말하지 않는다. 예수 믿는다고 말만 한다고 믿음 있는 것이 아니다. 대충 예배드리고 성경공부한다고 예수 믿는 것이 아니다.

정말 보배로운 믿음을 가졌다면 그 위에 더할 것이 많다. 덕을 쌓았다면 그 다음에 지식을 쌓아라. 세상을 바라보는 통찰력, 이해력, 하나님 나라의 가치관과 비전을 확실하게 하라. 문맹자라고 핑계 대지 마라.

나는 신혼여행을 소록도로 갔었다. 30년 전 소록도는 배를 타고 들어가야 했다. 소록도 교회 목사님을 만나고, 나환자의 삶을 돌아보았다. 대부분 얼굴에 코가 없었다. 손가락도 없는 분들이 많아서 헝겊으로 곡괭이를 팔목에 묶어서 농사를 지었다.

12시가 되면 점심을 먹고 모두 교회에 모였다. 나도 따라가 보았다. 어린 간호사가 로이드 존스 설교집을 펼쳐서 읽었다. 로마서 강해였다. 70이 넘은 나환자들은 읽어주는 말씀에 귀를 기울였다. 간호사의 목소리만 교회당을 가득 채웠다. 동료 목회자들도 읽기 힘들어하는 로마서 강해를 그들은 매일 귀 기울여 들었다.

무식하다고 무시하면 안 된다. 베드로는 계속 요구한다. 지식에 절제를, 그리고 그 위에 인내를 더하라. 절제는 세상 욕구를 절제하라는 뜻이다. 가난하다고 세상적 욕구가 없는 것이 아니다. 가난하기 때문에 돈 한 푼의 위력을 잘 안다. 그런데도 세상을 목적 삼고 살지 마라. 그리고 주변과 비교하면서, 세상 사람의 말 때문에 기죽거나 포기하지 마라. 인내하라. 그 다음은 경건과 형제 우애다. 경건이 하나님과의 관계를 뜻한다면, 형제 우애는 사람과의 관계를 뜻한다.

베드로는 이 모든 것을 계속해서 반복하여 배우고 훈련하고 가르치라고 권면하였다. "형제들아 더욱 힘써 너희 부르심과 택하심을 굳게 하라"(벧후 1:10). 얼마 전 미주 뉴스앤조이에서 한 목사가 자기 설교를 반복한다고 문제가 되었다. 나는 그 뉴스를 보면서 가슴이 무너졌다. 그들은 반복의 중요성을 전혀 모른다. 하나님께서 안식일을 기억하고 기념하여 지키라고 하였다. 반복하면서 안식의 의미를 깊이 새기라는 뜻이다. 부르심과 택하심을 굳게 하라는 말은 일견 모순처럼 들린다. 부르심과 택하심은 전적으로 하나님께서 하시는 일이다.

그런데 베드로는 우리에게 그걸 굳게 하라고 권면한다. 하나님께서 우리를 부르시고 택하신 것은 너무나 확실한데 굳이 그렇게 할 필요가 있을까? 하나님은 확실하지만, 우리는 의심과 불신으로 가득하다. 조금만 힘들고 어려우면 의심부터 한다. 그러므로 우리는 부르심과 택하심을 확인하고 또 확인해서 굳게 해야 한다.

우리 주변에 구원의 확신을 입버릇처럼 떠드는 사람이 있다. 베드로가 이야기하는 것은 단순한 지식적 확신이 아니다. 그것은 실천적 확신이다. 더욱 힘써 믿음에 덕을, 덕에 지식을, 지식에 절제를, 절제에 인내를, 인내에 경건을, 경건에 형제 우애를, 형제 우애에 사랑을 더하라는 뜻이다. 말만 앞서는 그리스도인이 아니라 행동하라는 뜻이다.

자랑할 것 하나 없는 나그네, 점점이 흩어져 어렵게 살아가는 나그네들에게 베드로는 그리스도인이 누구인지, 그리스도인의 삶이 무엇인지 분명하게 가르쳤다. 그것을 반복하여 새기므로 실족하지 않을 수 있다. 초대 그리스도인이 그 험한 세상에서 승리할 수 있었던 이유이다. 오늘 그리스도인이 욕을 먹는 이유는 그리스도인의 정체성을 잃어버렸기 때문이다.

이제 그리스도인이 누구인지 진지하게 고민해야 한다. 그리스도인 됨의 기준을 높여야 할 때이다. 지도자는 교회를 떠나는 사람을 두려워하지 말고 교회를 위하여 눈물 흘리는 주님을 두려워할 줄 알아야 한다.

"내가 이 장막에 있을 동안에 너희를 일깨워

생각나게 함이 옳은 줄로 여기노니"

_벧후 1:13

실천하지 않는 진리는 진리가 아니다

사도 베드로는 이 편지를 자신의 유언으로 생각하였다. 그는 떠날 때가 머지않았음을 알고, 온 마음을 다해 흩어진 나그네로 살아가는 초대교회 성도들에게 마지막 권면을 하였다. 짐작하건대 예수님께서 철없는 제자들을 남겨두고 이 세상을 떠날 때 심정과, 지금 베드로의 심정이 비슷하지 않을까 생각한다.

그래도 예수님의 제자들은 3년 동안 예수님에게 직접 제자훈련을 받았다. 그래도 그들은 부족한 점이 많았다. 그들은 겁쟁이였고, 그들은 우왕좌왕하며 갈 바를 알지 못하였다. 지금 "본도, 갈라디아, 갑바도기아, 아시아와 비두니아에 흩어진 나그네"로 사는 초대교회 성도는 제대로 된 제자훈련을 받지 못한 사람일 것이다. 예수님의 제자들에 비하면, 그들은 훨씬 연약하고 부족하다.

191

part 4 ● 교회를 향한 편지, 베드로후서

그런데 베드로는 "너희가 이것을 알고 이미 있는 진리에 서 있으나(벧후 1:12)"라고 그들을 평가하였다. 나는 이 본문을 읽고 의문이 생긴다. 그들이 알고 있는 진리는 무엇이었을까? 진리에 서 있다는 말은 무슨 뜻일까? 유진 피터슨 목사는 이 본문을 이렇게 번역하였다. "여러분이 이제껏 이 모든 진리를 알고 안팎으로 실천해 왔지만" 유진 피터슨 목사는 '서 있다'는 말을 '실천'으로 번역하였다. 그러면 남은 질문은 '진리는 무엇인가' 이다.

나는 신학교를 졸업하고 평생 공부하였지만, 아직도 성경에 대해 모르는 게 너무 많다. 누가 나에게 '진리가 무엇인가?' 물으면 선뜻 답하지 못할 것 같다. 초대교회 당시 신학교는 고사하고, 제자훈련 프로그램이나 성경공부 프로그램도 없었다. 그렇다면 이들이 알고 있던 진리는 무엇일까?

그것은 성경말씀 전부를 다 안다는 말이 아니다. 어쩌면 그들이 알고 있는 진리는 극히 작은 부분일지 모른다. 작은 진리도 진리이다. 소꼬리를 잡으면, 소 전부를 잡은 것과 같다. 중요한 것은 알고 있는 진리를 실천하느냐, 그냥 버려두느냐 하는 것이다.

초대교회 성도들은 진리를 알자마자 진리를 따라 살았다. 실천하지 않는 진리는 진리가 아니다. 단지 이론이거나 말장난에 불과하다. 초대교회 특징은 진리를 진리로 인정하고 그대로 실천하며 살았다. 현대인은 진리를 교실에서 지식으로 알면 된다고 생각한다. 아니다. 전혀 아는 것이 아니다. 진리는 삶으로 검증하면서 배워야 한다. 실천하면서 어려움에 부딪히기도 하고, 좌절하고, 넘어지고, 죄를 짓기도 한다. 그러나 진리를 붙잡은 사람은 다시 일어선다. 진리의 말씀이 하나님의 말씀이라고 확신한다면, 이런저런 어려움이 있다고 쉽게 포기하지 않는다.

진리는 추동력이 있다. 진리는 엔진이다. 진리를 알면, 그 진리가 가슴을 뜨겁게 한다. 진리가 나를 이끈다. 그렇게 온몸으로 진리를 터득한다. 하나님의 말씀은 말과 혀로 하는 것이 아니라 행함과 진실함으로 실천하는 것이다.

사랑을 배웠으면, 사랑을 도전하여야 한다. 예수님께서는 원수까지도 사랑하라고 하셨다. 어떻게 원수를 사랑할 수 있을까? 사람들은 자기가 좋아하는 사람을 사랑한다. 자기에게 잘해 주는 사람, 무언가 내게 해 줄 것이 있는 사람을 사랑한다. 그런데 예수님은 원수를 사랑하라고 하신다. 나에게 잘해 주는 것이 하나도 없고, 나에게 해만 끼치는 데, 나를 미워하는 데, 좋아하지도 않는데 사랑하라고 하신다.

예수님이 요구하는 사랑은 불가능한 사랑이다. 인간이 도저히 감당할 수 없는 그 불가능한 사랑을 도전하라고 요구하신다. 용서도 마찬가지다. 일흔 번에 일곱 번까지 용서하라는 말은 무한대로 용서하라는 말이다. 불가능한 용서다.

용서할 자를 용서하는 것은 용서가 아니라 당연이다. 사랑할 자를 사랑하는 것은 사랑이 아니라 자연스러움이다. 용서할 수 없는 데, 사랑할 수 없는 데 하는 것이 예수님의 요구 사항이다. 기독교의 윤리는 세상 사람이 다 지킬 수 있는 평범한 윤리가 아니다. 하나님께서 도와주시지 않으면, 하나님의 은혜가 아니면 도저히 지킬 수 없는 윤리이다. 하나님은 우리가 넘어지고 쓰러질 것을 뻔히 알면서도 불가능을 계속 도전하라고 말씀하신다.

진리도 마찬가지이다. 인간은 하나님의 진리를 온전히 알 수 없다. 어떤 사람은 신학 서적 몇 권 읽고서 자신이 성경의 진리를 다 아는 것처럼 말한다. 경건 서적을 몇 권 읽고서 다른 사람의 경건을 함부로 판단하는 사람도 있다.

우리는 진리의 깊이와 넓이와 폭을 다 측량할 수도 없다. 경건과 영성이 얼마나 크고 높은지 헤아릴 수 없다. 진리를 온전히 안다는 것은 불가능하다. 다 알고 실천하겠다는 말은 오만을 넘어서 진리를 거부하는 행위이다. 하나를 알면 하나를 붙잡고 끈질기게 실천하면서 진리의 폭을 조금씩 넓혀가는 것이 그리스도인의 자세이다.

초대교회 성도들, 보잘것없는 나그네 길을 걸어가는 그리스도인에게 하는 베드로의 권면은 한 가지이다. 진리 위에 굳건히 서라! 진리를 부여잡았으면, 끈질기게 실천하라. 그리고 진리를 잊어버리지 않도록 항상 생각하라. 진리를 마음에 새기고 또 새기면서 진리의 깊이와 넓이와 높이와 폭을 조금씩 키워가라. 우리가 진리를 안다고 생각하는 순간, 우리는 하나도 모른다.

베드로가 하는 염려는 진리를 잊어버리는 것이다. 진리를 공부하긴 하는데 가슴이 차가워지면 문제이다. 말씀을 들어도 들을 때뿐, 삶에 아무런 영향을 주지 않는다면 죽은 신자이다. 예수님께서 말씀하신 것처럼 "너희를 향하여 피리를 불어도 너희가 춤추지 않고 우리가 슬피 울어도 너희가 가슴을 치지 아니한"사람이다(마 11:17).

베드로 사도는 다짐한다. "내가 이 장막에 있을 동안에 너희를 일깨워 생각나게 함이 옳은 줄로 여기노니"(벧후 1:13). 진리는 일깨우지 않으면 잃어버린다. 우리 주변에는 우리가 가진 진리를 빼앗으려는 것이 많다.

우리는 너무나 쉽게 진리를 잊어버린다. 그러면 반드시 넘어지고, 깨지고, 망한다. 그때 참된 그리스도인은 하나님을 생각하고, 진리를 생각한다. 거기서 깨달음이 없으면 멸망하는 짐승이 된다. 참된 그리스도인은 넘어짐을 통해 조금씩 진리를 배워 나간다. 그리고 또 넘어진다. 우리는 이렇게 어리석은 방법으로 진리를 배운다. 책상에서, 교실에서, 책으로 진리를 배운다고 생각하지 마라. 진리는 무릎으로 배워야 한다.

베드로 사도는 자신이 나그네라는 사실을 확실하게 알았다. 그는 고백하기를 "이 육신의 장막에 있을 동안에" 진리를 계속 반복하여 일깨울 필요가 있다고 한다. 진리는 하나님 나라에서 유용한 것이 아니라 이 땅에서 유용하다. 진리는 잠시 장막 생활을 하는 나그네에게 유용하다.

나그네의 짐은 가벼워야 한다. 짐이 많으면 여행하기 불편하다. 난 미국으로 삶의 자리를 옮길 때 내 짐을 가방 두 개로 줄였다. 하나님 나라를 여행하는 나그네에게 꼭 필요한 것이 있다면, 아파트도 아니고, 빌라도 아니다. 그것은 진리이다. 우리는 이 땅에서 나그네요, 이방인이요, 타자요, 난민이다. 우리에게 필요한 것은 세상 것이 아니라 죽을 때까지 포기하지 말아야 할 진리뿐이다.

사람들은 이 세상에서 어떤 열매와 성과를 거둘 것인가에 관심을 가진다. 미국은 실용주의 사회이다. 모든 것을 결과로 평가한다. 그러나 하나님은 우리의 성과를 중요하게 생각하지 않는다. 우리가 어떤 열매를 맺었는지 따지지 않는다. 성과나 열매로 말하면, 순교는 최대의 실패이다. 그러나 인생을 나그네로 생각하면 순교는 멋진 떠남이다.

베드로 사도는 자신이 떠난 후를 늘 마음에 두고 살았다. "내가 힘써 너희로 하여금 내가 떠난 후에라도 어느 때나 이런 것을 생각나게 하려 하노라"(벧후 1:15). 그는 떠날 준비가 되어 있었다. 그는 내려놓을 준비가 되어 있었다. 세상의 욕망, 열매, 결실, 성과, 그 모든 것을 버릴 준비가 되어 있었다. 그는 모든 것을 내려놓고 딱 한 가지 진리만 부여잡았다.

그는 진리를 따라 살았고, 후배들도 진리를 따라 살기를 원하였다. 베드로는 후배들이 자신을 생각할 때 한 가지만 기억해 주었으면 했다. 돈도 없고, 명예도 없고, 권세도 없고, 세상에 자랑할 것이 하나 없어도 진리를 부여잡고 살았던 사람이라고 기억해 주면 기뻐했을 것이다. 비록 성경의 진리를 다 알지 못하지만, 다 알 수도 없지만, 진리를 하나라도 알면 생명 걸고 그 진리를 부여잡고 실천하며 살았던 사람으로 생각해 주었으면 했다.

세상은 돈으로 사는 것이 아니다. 세상은 건강해서 사는 것이 아니다. 세상은 진리로 살아야 한다. 베드로가 유언처럼 고백하는 것은 '진리를 부여잡고 살라'는 말씀이다.

나그네는 잠시 왔다 가는 여행자였다. 그들의 고향은

영원한 영광의 나라, 하나님 나라였다.

우리는 종교개혁을 오해했다?

베드로는 환난과 핍박 가운데 어렵게 살아가는 나그네들에게 이 편지를 썼다. 그는 신학적 교리나 철학적 논문을 쓰지 않았다. 베드로는 나그네들을 위로하고 격려하므로 분명한 목적을 향하여 굳건하게 나아가도록 돕기 위하여 썼다.

초대 교인들은 세상에 아무런 소망을 두지 않던 나그네들이었다. 그들은 이 땅의 시민이 아니라 하나님 나라의 시민이란 확신이 있었다. 나그네는 잠시 왔다 가는 여행자였다. 그들의 고향은 영원한 영광의 나라, 하나님 나라였다. 예수 그리스도의 재림은 하나님 나라를 완성하는 날이다. 그들은 "마라나타, 주 예수여 어서 오시옵소서"를 소망하며 살았다. 베드로가 전했던 복음은 예수 그리스도의 강력한 재림과 관련이 있다. 반면에 현대 그리스도인은 재림에 대한 소망을 거의 잃어버렸다. 어떻게

198
성경 속 노마드

하다가 이 귀한 소망을 잃어버렸을까? 어떻게 하다가 우리는 하나님 나라 비전을 잃어버렸을까?

첫째로 콘스탄틴 황제가 기독교를 공인할 때, 승리에 도취한 기독교는 착각하였다. 이제 그리스도인을 향한 핍박은 끝이 났다. 박해와 설움과 눈물과 소외를 경험하던 그리스도인들이 얼마나 간절히 기도했을까? 지하 동굴 무덤에서, 산속 은밀한 계곡에 몰래 숨어 예배드리던 그리스도인의 소망은 무엇이었을까?

"주여! 언제 하나님 나라를 회복하시렵니까?"

마침내 황제가 기독교를 공인하고, 그동안 빼앗았던 재산을 돌려 주고, 성직자에게 세금을 면제하고, 커다란 교회를 세워 주고, 교회로 수많은 사람이 밀려올 때 그들은 착각했다. 드디어 하나님 나라가 이루어지는구나! 주님이 말씀하신 것처럼 땅끝까지 모든 사람이 예수를 믿게 되는구나!

그러나 그것은 결코 주님의 재림으로 이루어진 하나님 나라가 아니었다. 그것은 세상의 힘을 가진 세상의 황제 콘스탄틴이 준 선물이다. 세상 권력이 얼마나 크고 놀라운지, 로마 제국 전역에 교회가 세워지고, 로마인 중에 그리스도인이 아닌 사람이 없을 정도가 되었다. 세상의 권력과 돈은 실로 엄청난 힘이 있다. 기독교는 세상이 자랑하는 힘의 논리에 완전히 취해버렸다.

결단코 잊지 말아야 할 것은 세상은 하나님 나라를 이룰 수 없고, 이룰 마음도 없다. 그들이 기독교를 공인한 데는 다 그럴 만한 이유가 있었기 때문이다. 미국 베일러대학교 사회학 석좌교수이며 종교학연구소 소장인 로드니 스타크는 『우리는 종교개혁을 오해했다』를 썼다.

종교개혁 시기에 특정 지역이 개신교로 전향할지 혹은 가톨릭에 남을지를 결정하는 것은 '국가 원수의 신념'에 달려 있었다. 영국 종교개혁을 주도한 왕 헨리 8세가 기회주의자였다는 건 다 아는 사실이다. 대부분 다른 위정자들도 다르지 않다. 그들이 개신교로 개종하거나 가톨릭에 잔류한 주된 동기는 신앙이 아니라 자기 이익이었다.

당시 교회나 수도원이 가진 재산은 어마어마해서 국가의 절반 정도를 차지하였다. 국왕이 교회의 성직자 임명권을 가지고 교회의 재산과 수입을 통제할 수 있는 경우는 대부분 가톨릭에 잔류하였다. 반면에 교회의 수입이 로마 교황에게 빠져나가는 경우 국왕은 개신교로 개종함으로써 교회 재산을 압류하고 교회를 자기 통제 하에 두었다. 신앙은 자기 행위를 정당화하기 위한 수단에 불과하였고, 본심은 돈과 권력에 있었다. 그것이 바로 세속 정치가의 진짜 모습이다.

콘스탄틴 황제나 종교 개혁기의 왕이나 제후들과 마찬가지로 지금의 정치세력도 똑같다. 그리스도인들이 세속 정치 세력에 기대어 무언가를 이루려는 것처럼 어리석은 일은 없다.

한국 기독교는 지금 좌우로 갈라져 싸우고 있다. 기독교 보수 우파 근본주의든 진보적 기독교 사회주의든 그들은 모두 정치 세력 앞에 머리를 숙이고 세상의 힘을 빌려 하나님 일을 하려는 의도는 동일하다. 민주 정부든, 보수 정부든 그들은 철저하게 자기 이익을 추구한다. 하나님 나라는 눈곱만큼도 생각하지 않는다.

그리스도인이 기억해야 할 것은 '하나님 나라는 주님이 이루신다'는 사실이다. 절대로 세상 정치 권력이 하나님 나라를 이루는 법은 없다. 정치 권력의 선전술에 휘둘리는 그리스도인이 세상에서 가장 불쌍하다. 세상에서 말하는 힘의 논리에 함몰될 때 그리스도인은 하나님 나라 비전을 잃어버린다.

둘째로 하나님 나라를 피안의 세계에서나 이루어질 것으로 생각하고 현실에 대해 무관심하고 도피로 일관하는 경우이다. 그저 개인 신앙이나 지키고 복음 전도만 열심히 하면 된다는 사고방식은 하나님 나라 비전을 관념화한다.

2,000년을 코앞에 두었을 때 종말론자들이 나라를 시끄럽게 하였다. 그들은 주님의 재림이 가지는 뜻, 이유, 목적은 생각하지 않았다. 오직 하나님 나라(천국)에 들어갈 생각만 하여 열심히 기도하고 헌금하였다. 안타깝게도 전통적 보수 신앙 역시 이러한 경향을 보인다.

나그네로 살아가던 초대 그리스도인에게 재림은 세상이 절대 막을 수 없는 희망이었다. 그들은 주님의 재림으로 이루어질 하나님 나라를 소망하였다. 그들은 이 땅에서 하나님의 동역자로 하나님 나라를 이루는 데 온몸을 바쳤다.

그들이 만들어 가는 하나님 나라는 세상 나라와 다른 공동체, 곧 대안 공동체였다. 보수나 진보가 결코 만들 수 없는 하나님 나라 공동체를 직접 만들어 갔다. 비록 나그네요, 힘없는 약자들이요, 비록 무시당하고 외면받는 존재라도 그들은 결코 포기하지 않았다. 비록 그들이 하나님 나라를 완벽하게 이룰 수 없다는 것을 잘 알고 있었지만, 그들은 포기하지 않았다. 하나님 나라에 대한 희망은 포기할 수 없는 희망이었다.

그들은 현실을 무시한 채 미래만 바라보는 무력한 그리스도인이 아니었다. 그들은 끊임없이 세상 권세와 힘의 논리와 싸웠다. 그들은 승리를 확신하고 순교하였다. 사람으로는 할 수 없지만, 하나님으로는 하실 수 있다고 확신하였기에 그들은 절망하지 않았다.

희망을 버린다는 것은 하나님의 약속에 대한 불신이다. 세상의 정치 세력과 세상이 자랑하는 힘의 논리를 받아들인다는 것은 하나님을 배신하는 행위다. 초대 그리스도인은 확실히 알았다. 이 세상 풍조를 따르고 공중 권세 잡은 자를 따르는 길은 흥하는 것 같지만, 망하는 길이다. 넓고 편하고 쉬운 길은 멸망의 길이 분명하다.

콘스탄틴 이후 지난 1,700년 동안 기독교는 힘의 논리 앞에 굴복하였다. 천문학적인 돈을 들여 큰 교회를 지으면서 기독교는 돈의 논리에 굴복하였다. 제3 세계에 돈을 뿌리면서 선교라고 선전하는 것 역시 힘의 논리에 굴복하는 행위이다. 대한민국 어느 지역이든 '중심 교회', '제일 교회', '중앙 교회'가 있다. 기독교가 언제부터 중심이라고 생각했는가?

왜 변두리 교회는 없는가?

왜 나그네 교회는 없는가?

왜 약자 교회는 없는가?

힘의 논리 앞에 철저히 굴복하여 지금도 좌파와 우파로 나누어진 기독교를 보면서 하나님께서 얼마나 가슴 아파하실까? 베드로가 고백했던 그 고백을 현대 교회는 왜 하지 못할까?

"은과 금은 내게 없거니와 내게 있는 이것을 네게 주노니 나사렛 예수 그리스도의 이름으로 일어나 걸으라."(행 3:6)

한국 교회는 은과 금이 다 떨어져야 진정한 교회로 거듭날까? 세상의 논리, 힘의 논리를 언제 포기하고 하나님 앞에 겸손하게 머리 숙일 것인가? 깨어져도, 부서져도, 목에 칼이 들어와도 절대 포기할 수 없는 종말 신앙을 어떻게 하면 회복할 수 있을까?

주님은 제자들을 불렀고, 그들을 통하여
하나님 나라 이루는 공동체를 만들었다. 힘없는 자,
무식한 자, 가난한 자, 나그네들과 같은 철저하게
약한 자들이 세우는 하나님 나라였다.

하나님 나라는 하나님께서 이루신다

나그네들이 살던 시대는 어두운 세상이었다. 로마는 침략 전쟁으로 주변 모든 나라를 정복하고 제국이 되었다. 저항하는 자는 살육하거나 포로로 만들어 평생 노예로 만들었다. 약소국은 한순간에 망하고, 경제는 피폐해졌다. 정복자 로마는 엄청난 세금을 물렸고, 강제 부역은 일상이었다. 인간의 권리는 존재하지 않았다. 조금이라도 수상하거나 의심가면, 무조건 잡아다 때리고 가두기 일쑤였다. 사도행전에 바울이 당한 고초는 이런 상황에서 나왔다.

나는 유신 정권 말기에 대학을 다녔다. 길거리에서 군인들이 수시로 검문을 하였고, 경찰은 장발과 미니스커트를 단속하였다. 죄지은 것 하나 없어도 총으로 무장한 그들을 볼 때 두려움에 몸을 떨었다.

의기로운 학생들은 날마다 데모를 하였다. 대학은 최루탄 가스로 자욱하였다. 심지어 신학대학에도 최루탄 가스가 걷힐 날이 없었다. 1979년 10월 26일, 당시 대통령 박정희가 암살되자 나라는 혼란에 빠졌다. 민주화의 열망으로 가득한 젊은 대학생은 서울역 광장으로 모였다. 그때 나는 처음으로 '전두환'이란 이름 석 자를 들었다. 그때까지만 해도 그가 얼마나 잔인한 군인인지 알지 못하였다. 서울역과 시청 앞은 그야말로 전쟁터였다. 수많은 학생이 군대에 끌려갔고 나도 그때 군대에 끌려갔다. 군인들이 무력으로 다스리는 나라는 지옥이다.

2,000년 전, 로마 제국과 군사정권 시절은 비교 불가능하다. 가끔 로마시대를 배경으로 한 영화를 보면, 길거리에 십자가형을 받아 죽어가는 사람을 볼 수 있다. 손과 발에 못이 박히고, 허리에 창이 찔려 신음하는 사람의 소리를 들으며 그 거리를 지나야 했다. 공포였다. 어둠의 정치였다. 그때 사람들은 소망을 잃어버렸다.

약삭빠른 자들은 재빨리 로마에 빌붙어 부귀와 영화를 누렸다. 그들은 대부분 가진 자들이었다. 지식이 있거나, 돈이 있거나, 권세가 있는 자들은 언제나 줄서기에 빠르다. 그들은 현실 감각이 뛰어나다. 무릎 꿇고 손 비벼야 할 사람이 누구인지, 밟아야 할 사람이 누구인지 정확히 알고 있었다. 처세술에 능한 사람은 예나 지금이나 비슷하다.

힘없는 사람, 나그네, 이방인, 변두리인은 언제나 착취의 대상이다. 그들은 어둠 속에 있는 자들이고, 소망 없는 자들이다. 자기 몸 하나 건사하기 힘든 사람들이다. 밀면 밀리고, 밟으면 밟히고, 죽이면 죽어야 한다. 모욕과 멸시, 폭력과 고통, 질병과 죽음은 그들의 친구이다.

그때 복음이 들려왔다. 그 복음은 십자가의 복음이었다. 십자가는 로마 군대가 저지르는 폭력 중 가장 극악한 폭력이다. 그런데 십자가에서 처참하게 죽으신 예수 그리스도의 메시지가 그들에게 들렸다. 그 메시지는 세상에서 잘 살게 해주겠다는 것이 아니었다. 세상에서 잘 사는 비결은 힘있는 로마에 굴복하는 방법 외에 없었다. 소망 없는 세상에 하나님께서 약한 자들을 위하여 독생자로 보내시고 그들을 통하여 새로운 나라 곧 하나님 나라를 만들겠다는 메시지였다. 혁신이었다.

　예수 그리스도의 메시지는 예수 그리스도의 삶으로 증거한 메시지였다. 주님은 철저하게 약한 자들, 병든 자들, 가난한 자들, 옥에 갇힌 자들, 나그네들에게 하나님 나라를 전하였다. 주님은 구약에서 이미 예언하였던 하나님 나라를 선포하셨고, 그 나라를 이루기 위하여 오셨다.

　"주의 성령이 내게 임하셨으니 이는 가난한 자에게 복음을 전하게 하시려고 내게 기름을 부으시고 나를 보내사 포로 된 자에게 자유를, 눈 먼 자에게 다시 보게 함을 전파하며 눌린 자를 자유롭게 하고 주의 은혜의 해를 전파하게 하려 하심이라."(눅 4:17~19)

　주님은 말로만 하나님 나라를 선포한 것이 아니라 온몸으로, 삶으로 하나님 나라를 선포하였다. 주님은 제자들을 불렀고, 그들을 통하여 하나님 나라 이루는 공동체를 만들었다. 힘없는 자, 무식한 자, 가난한 자, 나그네들과 같은 철저하게 약한 자들이 세우는 하나님 나라였다. 그 나라는 무력으로, 힘으로, 칼과 창으로 다스리는 로마 제국과는 완전히 달랐다. 돈, 명예, 권세와 같은 세상의 힘을 추구하는 약삭빠른 자들이 득

세하는 나라가 아니었다.

그 나라는 바보같이 미련한 사람들, 부평초같이 떠도는 나그네들, 사회에서 밀려난 약자들이 만들어 가는 나라였다. 그 나라는 평화의 나라였고, 화해의 나라였고, 무엇보다 바른 정의가 실현되는 나라였다.

세상의 논리로 보면 말이 안 되는 소리였다. 세상 어느 누구도 그런 나라가 이루어질 거라고 생각하지 않았다. 어떻게 힘도 없고, 돈도 없으면서 무슨 일을 할 수 있단 말인가! 그런데 예수 그리스도를 3년 동안 따라다니면서 눈으로 보고, 귀로 듣고, 손으로 만지고, 함께 음식을 나누고, 잠을 잤던 제자들은 확신하였다. 그들은 하나님 나라가 반드시 이루어질 것이라는 세 가지 확신을 가졌다.

첫째, 예수 그리스도는 실존하셨다. 그건 베드로나 요한과 같은 제자들이 증인이었다.

"태초부터 있는 생명의 말씀에 관하여는 우리가 들은 바요 눈으로 본 바요 자세히 보고 우리의 손으로 만진 바라."(요일 1:1)

처음 그리스도인이 가졌던 믿음은 사실에 근거한 믿음이었다. 예수 그리스도로 인하여 그들의 인생이 변하였고, 예수님이 행하신 기적과 능력이 무수히 많았지만, 그들은 오직 예수 그리스도의 실존만 부여잡았다. 예수의 메시지, 기독교의 메시지가 훌륭해서 믿는다는 생각은 하지 않았다.

그들은 다른 종교의 가르침에도 훌륭한 점이 얼마든지 있을 수 있다고 생각하였다. 세상의 철학이나 다른 학문에도 배울 것이 있다고 인정하였다. 로이드 존스는 말하였다. '다른 종교가 가르치는 인생관의 가치를 떨어뜨리는 것이 복음 전파의 목적이 아닙니다.' 처음 그리스도인은 사실에 근거한 믿음을 가졌다. 그것은 단순히 예수 그리스도가 실존하였던 인물이라는 데 멈추지 않았다.

둘째, 확신은 자신이 만난 예수는 태초부터 있는 생명의 말씀에서 증거한 바로 그 메시아임을 확신하였다. 베드로 사도는 변화 산에서 자신이 들었던 하늘의 영광된 소리를 전하였다.

"지극히 큰 영광 중에서 이러한 소리가 그에게 나기를 이는 내 사랑하는 아들이요 내 기뻐하는 자라 하실 때에 그가 하나님 아버지께 존귀와 영광을 받으셨느니라. 이 소리는 우리가 그와 함께 거룩한 산에 있을 때에 하늘로부터 난 것을 들은 것이라."(벧후 1:17~18)

사도는 하나님께서 천지를 창조하실 때부터 만드시려고 하셨던 하나님 나라 비전이 예수 그리스도에게서 완성되는 것을 보았다. 하나님께서 남자와 여자를 사람으로 창조하시고, 생기를 불어넣어 주셨다.

창세기가 쓰일 당시 하나님의 형상을 가진 사람(남자와 여자)을 이야기했다는 것이 얼마나 혁명적인지 기억해야 한다. 당시 신의 이름을 붙일 수 있는 사람은 오직 제국의 통치자뿐이었다. 이집트나 아시리아, 바빌론 같은 대 제국의 왕들뿐이었다. 그런데 창세기는 모든 사람이 하나님의 자녀라고 선언한다.

평등사상은 18세기 계몽주의 사상가 루소(Rousseau, Jean Jacques,

1712~1778)에 의해서 시작하였다. 만인은 법 앞에 평등하다. 그는 차별 없는 자유와 평등을 주장하였다. 그러나 그가 주장하는 '만인'은 오직 남자뿐이었다. 양성평등은 1,2차 세계대전을 치르면서 비로소 주어졌다.

2,000년 전 처음 복음이 전파될 때, 인권은 존재하지 않았다. 남자든 여자든 제국이 필요하다면 모두 목숨을 내놓아야 했다. 힘으로 나라를 통치하던 시대에 개발한 윤리가 충성이다. 세상 나라가 필요하면, 생명을 걸고 충성하라고 가르친다. 죽으라고 하면 죽어야 하는 것이 최고의 미덕이라고 가르친다. 개인의 행복과 안녕은 존재하지 않았다. 당연한 소리지만, 처음 그리스도인은 세상 나라가 충성을 요구하고 군대에 징집할 때, 그들은 차라리 죽을지언정 총칼을 들고 무력을 사용하는 제국의 군인은 되지 않겠다고 하였다. 그들의 주는 오직 예수 그리스도뿐이었다. 그들이 순교한 가장 큰 이유는 바로 이 고백이었다.

예수님께서 전파하신 하나님 나라는 힘과 무력으로 다스리며 인간의 권리란 눈곱만큼도 생각하지 않는 제국이 아니었다. 태초부터 전하여 온 생명의 말씀에서 증거한 하나님 나라가 이제 예수 그리스도를 통하여 시작하였다. 그들은 약자의 나라, 가난한 자의 나라, 나그네의 나라, 설움받는 여성이 사람 대접받는 나라, 곧 하나님 나라 공동체를 만들었다.

예수님은 은혜의 해를 선포하였다. 은혜의 해는 평화의 나라가 시작되었음을 알리는 선언이요, 모두가 함께 행복하게 사는 나라를 선포하는 것이다. 구약적으로 표현하면 희년의 선포였다. 희년은 모든 사람이 원점에서 새롭게 다시 시작하는 해이다. 그것은 하나님께서 창세기에 원래 디자인하신 하나님 나라를 새롭게 다시 시작한다는 선언이다. 이제 그들이 충성해야 할 나라는 사람 목숨을 벌레처럼 여기는 제국이 아니다. 충성 대상은 모든 사람을 귀히 여기고 구원하시는 하나님이다.

셋째, 그들은 예수 그리스도의 다시 오심을 확신하였다. 시작하신 분께서 그리스도 예수의 날까지 이루실 줄 확신하였다. 그들은 어둠으로 가득한 이 세상에서 영광된 미래, 하나님께서 이루실 하나님 나라에 대한 확신을 가졌다. 비록 세상에서는 비천한 자이지만, 비록 세상에서는 아무것도 가진 것이 없지만, 비록 세상에서는 약한 자이지만, 그들은 하나님께서 부르셨음을 확신하였다.

하나님 나라는 하나님께서 반드시 이루신다. 그들은 그 믿음을 가지고 세상에 부딪쳤다. 절망하거나 포기하지 않았다. 죽음도 막을 수 없고, 로마 제국의 무력으로도 막을 수 없다. 무엇보다 그들은 하나님 나라의 시민이다. 무엇보다 그들은 하나님의 동업자이다.

하나님 나라에 대한 분명하고 확실한 소망으로 무장한 공동체는 퍼져 나갔다. 세계를 정복한 로마 제국 안에서 힘없고 비천한 자들이 만들어 가는 하나님 나라는 성장하였다. 복음은 그렇게 약한 자의 공동체로서 연대와 포용과 환대로 전파되었다. 그건 나그네들의 승리였고, 하나님의 승리였다.

이단은 바깥에 있지 않고 교회 안에 있다.

그리스도를 주로 모시고 살지 않는 자는 모두 이단이다.

베드로후서 2:1-5

내 안에 그리스도께서 사시는 것이라

기독교가 처음 등장하면서 유대교는 기독교를 어떻게 처리할 것인가 토의하였다. 기독교는 명백히 이단이니 가르치지 못하도록 엄격히 금하자는 주장이 있었다. 그때 유대교의 정신적 지도자인 가말리엘은 이단 판정에 반대하였다. 예전에 이단적 가르침이 많이 등장하였지만, 그들을 정죄하거나 금하지 않았다. 잘못된 가르침은 반드시 무너진다. 드다가 그러했고, 갈릴리의 유다가 그러했다. 가말리엘의 논리는 이러하다.

"이 사람들을 상관하지 말고 버려 두라 이 사상과 이 소행이 사람으로부터 났으면 무너질 것이요. 만일 하나님께로부터 났으면 너희가 그들을 무너뜨릴 수 없겠고 도리어 하나님을 대적하는 자가 될까 하노라."(행 5:38-39)

유대교는 스펙트럼이 매우 넓은 종교이다. 강경한 보수 우파 바리새

그룹, 세속 권세와 타협하는 제사장과 사두개 그룹, 열심히 성경을 필사하고 가르치는 서기관 그룹, 과격한 혁명을 꿈꾸는 열심당, 하나님의 은혜와 종말론을 강조하며 공동체 생활을 하는 에센파가 모두 유대교 그릇 안에 있었다. 바리새파도 이방인과 일체 접촉을 금하는 샴마이파와 보다 관용적인 태도를 보이는 힐렐파가 있었다.

그들은 서로 다름을 인정하고 하나의 유대교 안에서 공존하였다. 그들은 『탈무드』를 만들었는데, 수천 년 동안 다양한 시각으로 성경을 해석한 주석 모음집이다. 가능하다면 모두 포용하려는 것이 유대교의 전통이었다. 지금도 새로운 현대적 해석을 끊임없이 탈무드에 추가하고 있으며, 후학들은 그 모든 것을 살펴보면서 자신의 입장을 선택하는 자료로 사용한다.

초대 기독교도 통일성보다는 다양성을 추구하였다. 가능하면 포용하고 이해하려는 측면이 있었다. 콘스탄틴 황제가 기독교를 공인하면서 깜짝 놀란 사실은 기독교의 다양성이었다. 그가 기독교를 공인할 때 최소 로마제국의 10%는 기독교인이었다. 오랜 기간 박해와 편견 속에서도 그만한 영적 영향력을 발휘하는 종교는 없었다. 오직 기독교만 살아남아 영향력을 행사하였다.

콘스탄틴은 기독교의 영향력이 이 정도로 크다면, 분명 통일된 사상이나 조직이 있으리라 예상하였다. 그건 세속 황제가 가질 만한 사고방식이었다. 그가 니케아에 있는 별장에 기독교 지도자들을 불러 모으고 사상의 통일, 조직의 통일을 요구한 것도 세속 군주의 사고방식이었다.

이때부터 기독교 이단이 발생하였다. 주류 세력과 다른 자들은 모두 이단으로 규정하였다. 이단을 규정하는 자들은 언제나 힘과 조직을 갖춘 자들이다. 물론 콘스탄틴 이전에도 이단이라고 규정한 경우가 있긴 하다. 그러나 그것은 매우 본질적인 면에서의 차이점 때문에 이단으로 규정하였지, 부차적인 문제는 시비삼지 않았다.

베드로후서 2장 1절에서 3절까지 이단을 규정하는 본문이 나온다. 잘 살펴보면 이단은 딱 한 가지였다. 주를 부인하는 자들이다. 그들은 구약시대 나타났던 거짓선지자들과 같은 자들이다. 베드로는 구약시대 거짓선지자나 초대교회 거짓 선생은 한결같이 주를 부인하는 자였다.

그리스도인은 그리스도를 주로 고백하는 자이다. 교회는 그리스도를 주로 고백하는 자의 모임이다. 그것은 말로만 아니라 삶으로 고백하는 것이다. 초대 그리스도인이 순교했던 가장 큰 이유는 바로 이 고백이다. 황제가 아니라 그리스도가 주라는 고백 때문에 죽임을 당하였다. 말만 앞서는 자는 박해 때마다 변절하였지만, 그리스도의 주되심을 삶으로 고백하는 자는 순교를 두려워하지 않았다.

'그리스도가 주'라는 고백은 결코 포기할 수 없는 삶의 가장 큰 원칙이었다. 그러므로 '그리스도가 주'라는 고백은 매우 정치적 선언이다.

"나는 좌파도 아니고, 우파도 아니며 예수 그리스도를 따른다."

"나는 민족주의도 아니고, 제국주의도 아니다."

"삶의 주는 오직 예수 그리스도시다."

바울은 고백하였다. "내가 그리스도와 함께 십자가에 못 박혔나니 그런즉 이제는 내가 사는 것이 아니요 오직 내 안에 그리스도께서 사시는 것이라"(갈 2:20). 그리스도인의 삶은 그리스도께서 이 땅에서 사셨던 삶을 사는 것이다. 한없이 낮아지고, 한없이 섬기고, 자기를 희생함으로 타자를 용서하고 사랑하고 구원하였던 삶이 그리스도의 삶이다.

그리스도는 세상에서 모욕을 당하나 어린양같이 잠잠히 참고 나아갔다. 그리스도의 삶은 타자를 위하여 대신 채찍에 맞으며, 다른 사람을 대신하여 슬픔을 겪었다. 그리스도의 삶은 십자가의 삶이다. 복음은 말로 전파할 수도 있지만, 본질적으로 그리스도인의 삶으로 전파한다. 바로 이 지점에서 힘을 숭상하는 로마 제국주의와 극명하게 대립한다. 세상의 그 어떤 권력도 힘도 돈도 명예도 그리스도를 대신할 수 없다.

구약의 거짓 선지자들은 철저하게 지배자들 편에 섰다. 그들은 지배자들이 원하는 소리를 들려주었고, 지배자들이 원하는 논리를 제공하였다. 그들은 하나님을 주로 모시지 않았다. 겉으로 하나님을 섬기는 척하였지만, 사실은 물질의 신인 바알과 아세라를 섬겼다. 그것은 바로 지배 계층이 좋아하기 때문이었다.

끝 모르는 탐심으로 백성을 착취하고, 자기 배를 채우는 자들을 위한 논리가 바알의 논리였다. 모든 것은 물질로, 힘으로 판가름하는 논리이다. 그들은 바알의 사상을 하나님의 사상이라고 속였다. 하나님께서 복 주시고, 평안 주시고, 보호하여 주신다고 가르쳤다.

물론 그건 사실이다. 그러나 하나님의 가르침은 바알의 가르침과 명백한 차이가 있다. 바알의 가르침은 윤리가 없지만, 하나님의 가르침은 정의와 공의를 요구한다. 하나님의 복에는 반드시 조건이 따라붙는다.

거짓 선지자들은 교묘하게 바알의 가르침을 하나님의 가르침으로 포장하여 가만히 이스라엘에 끌고 들어왔다. 초대교회 당시 거짓 선생들이 바로 그 짓을 하였다. 왕이나 귀족이나 부자나 권세자들 곁에서 그들의 귀에 듣기 좋은 말로 속삭이던 거짓 선지자들의 가르침을 초대교회에 몰래 들어왔다.

그리스도를 주로 모시고, 그리스도의 삶을 살아야 할 사람들에게, 탐심으로 지어낸 말을 복음이라고 속였다. 예수 잘 믿으면 성공하고, 예수 잘 믿으면 복받고, 예수 잘 믿으면 높은 자리에 올라간다고 가르쳤다. 공의와 정의, 하나님의 뜻을 준행하는 도리는 가르치지도 않았다. 그건 자기들도 별 관심이 없었기 때문이다.

거짓 선생의 가르침은 날마다 호의호식하며 떵떵거리고 사는 기득권층을 하나님의 복받은 자라고 하였다. 이들의 주인은 그리스도가 아니라, 물질이요, 권세요, 세상의 힘이다. 이들의 주인은 바알과 아세라이다. 이들은 가만히 교회 안에 들어와 주인 행세를 한다. 이들은 많은 사람을 자기편으로 끌어들여 본말을 흐트린다.

사람들이 거짓 선생의 말에 귀를 기울이는 것은 탐심 때문이다. 잘 먹고 잘 입고 잘 살게 해주겠다는 말에 모두 소리 높여 아멘 하였다. 하나님의 복이 가지는 조건과 윤리는 생각하지 않고, 오직 물질의 복과 성공의 복만 요구하는 사람으로 바뀌었다.

세속 황제 콘스탄틴이 기독교를 인정하자, 교회 지도자들은 그 앞에 무릎 꿇고 목회자 임명권, 기독교 교리를 판정하는 권한 등 모든 것을 바쳤다. 그리고 황제가 제공하는 물질적 혜택과 권력을 누렸다. 자기와 다른 자들을 이단으로 규정하여 불태워 죽였다. 비판의 목소리를 듣기 싫어했고, 더욱이 복음의 본질, 교회의 본질을 이야기하는 자를 가장 싫어하였다.

그들은 기독교 정신과는 전혀 다른 물질을 숭배하고, 힘을 숭배하는 거짓 선지자와 거짓 선생의 계보를 잇는 자들이다. 1,000년을 넘게 중세 가톨릭은 자신들이 진짜 기독교라고 주장하면서 그런 짓을 해왔다.

종교개혁은 이러한 잘못에서 벗어나려고 몸부림쳤던 운동이다. 그러나 1,000년 묵은 때가 쉽게 지워지지 않았다. 현재 개신교 안에 바알과 아세라의 가르침이 진짜 복음인 양 자리하고 있다. 힘을 숭배하고, 정권 잡은 자들 앞에 기꺼이 머리 숙이는 목회자가 기독교 지도자인 양 행세하고 있다.

전두환 군부 정권 시절 그 앞에 나아가 아론의 지팡이를 들은 지도자라고 추켜세운 기독교 지도자들이 있었다. 아직도 전직 대통령과 현직 대통령 사이에서 줄다리기하는 목회자들이 있다. 개탄스러운 일이 아닐 수 없다. 이단은 바깥에 있지 않고 교회 안에 있다. 그리스도를 주로 모시고 살지 않는 자는 모두 이단이다.

"네 앞에 온 땅이 있지 아니하냐 나를 떠나가라

네가 좌하면 나는 우하고 네가 우하면 나는 좌하리라".

_창 13:9

도시 속 나그네

아브라함에게 롯이란 조카가 있었다. 그는 평소 삼촌 아브라함을 존경하였다. 어느 날 삼촌은 하나님으로부터 고향과 친척과 아비 집을 떠나라는 제안을 받았는데, 같이 가자고 하였다. 롯은 하나님의 음성을 들은 적이 없었다. 다만 늘 존경하고 따르던 삼촌이기에 믿고 따르기로 하였다.

당시 롯의 나이가 얼마인지 알 수 없지만, 그는 바른 일이라고 생각하면 기꺼이 희생하고 헌신할 줄 아는 사람이었다. 반면 그의 마음 한 편에는 욕심도 있었다. 후일 삼촌의 목자와 다툼이 일어나 갈라서야 했다. 삼촌은 조카에게 제안하였다. "네 앞에 온 땅이 있지 아니하냐 나를 떠나가라 네가 좌하면 나는 우하고 네가 우하면 나는 좌하리라"(창 13:9).

아마도 두 사람은 산꼭대기에서 이런 결정을 하였던 듯하다. 거기서 롯이 좌우를 살펴보니 동쪽은 요단강이 흐르고 좌우로 수풀이 우거져 마치 여호와의 동산 같았다. 반면에 서쪽은 메마르고 황폐한 땅이었다. 욕심 많은 롯은 선택권이 자기에게 있다는 사실에 안도감을 느끼며 풍요로운 땅 소돔과 고모라를 선택하였다. 나는 롯을 욕하고 싶은 생각이 없다. 욕심 없는 인간을 찾기란 어렵다. 아브라함도 롯이 좋은 땅을 선택하였을 때 크게 실망하였다. 하나님께서는 그에게 동서 사방 모든 땅을 아브라함에게 주시겠다고 말씀하신 것을 통하여 짐작할 수 있다.

조카 롯은 소돔과 고모라에 살면서 행복하였을까? 소돔과 고모라는 가나안에서 가장 풍요로운 땅이었다. 사람들이 많이 모여 사니 편의시설도 갖추어져 있었고, 자녀 교육하기에도 좋았을 것이다. 사실 지금도 많은 사람이 부자 동네에서 살려고 한다.

둘째가 대학 다닐 때 학생들은 서로 어느 동네에 사느냐고 물었다. 국제학부 특성상 90% 이상의 학생이 강남 가장 좋은 동네에 살았다. 친구들의 질문에 딸은 시크하게 대답했다.

"응. 나, 신사동에 살아!"

"아! 그렇구나. 옆 동네 사네. 나는 청담동에 살아!"

"아니 나는 은평구 신사동에 살아." 그러면 그때부터 질문 공세가 쏟아졌다. "은평구에도 신사동이 있어? 그 동네는 어떻게 사니?" 딸아이는 그들의 쓸데없는 질문에 짜증도 나고 해서 그 다음부터는 '은평구 신사동'이라 굳이 설명하지 않고 그냥 '신사동에 산다'고 하면서 넘어갔다고 한다. 강남이나 분당에 살면 정말 행복할까?

사실 아브라함이 선택하라고 했을 때 소돔과 고모라가 멸망할 도성인 줄 전혀 알지 못하였다. 그곳의 향락과 쾌락 풍조도 알지 못하였다. 그저 눈으로 보기에 좋았고, 살기에 좋은 땅인 듯하여 선택했을 뿐이다. 그 도성이 죄악으로 가득하고 멸망할 도성인 줄 알고서 선택할 사람은 없다. 분명 그곳에서 살면 행복할 것이라, 잘 살 것이라 생각했기 때문에 선택하였다.

그러나 롯은 소돔과 고모라에 살면서 전혀 행복하지 않았다. 창세기를 읽으면 롯의 마음이 어떤지 짐작할 수 있는 대목이 나온다. "저녁 때에 그 두 천사가 소돔에 이르니 마침 롯이 소돔 성문에 앉아 있다가 그들을 보고 일어나 영접하고 땅에 엎드려 절하며"(창 19:1). 해가 뉘엿뉘엿 서산에 지고 노을은 빨갛게 물드는 데 롯은 성문에 홀로 앉아 있었다. 어느 쪽을 보고 앉았을까? 성문 안쪽을 보고 앉았을까? 아니면 성문 바깥쪽을 보고 앉았을까?

성문 안쪽에는 죄악으로 물든 불의한 소돔 백성이 사는 곳이다. 그곳에는 마음을 터놓고 이야기할 단 한 명의 친구도 없었다. 롯은 소돔 사람들 때문에 마음이 상했다. 롯은 틀림없이 성문 바깥쪽을 바라보았을 것이다. 성문 바깥쪽은 사람이 없는 곳이다. 먼 산 붉은 노을을 바라보며 롯은 무슨 생각을 했을까? '내가 어쩌다 여기에 있는 거지?' '내가 지금까지 추구하며 살았던 것은 무엇이었지?' '앞으로 나의 삶은 어떻게 될까?'

그는 도시에 살고 있었지만, 사실 주변인이었고, 나그네 심정으로 살았다. 도시에 살다 보면, 가끔 먼 산을 바라볼 때가 있다. 지나온 삶을 돌이켜 보며 때로 후회하고, 때로 반성하면서 하늘을 바라본다.

나는 소돔과 고모라 같은 대도시에 산다. 밤마다 휘황찬란하게 반짝

이는 간판들을 바라보면서 그곳에 끼고 싶은 생각이 들기도 한다. 아름다운 집에서 행복한 가정을 꾸리고 누릴 것 다 누리며 살고 싶은 생각이 있다. 그러나 또 다른 한 편 마음속에는 때때로 허전할 때가 있다. 친구들과 온종일 수다를 떨고 집에 돌아오면 괜스레 더 외로워질 때가 있다. 여기 살면 행복할 것 같은데 행복은 잡을 수 없는 무지개가 되어버렸다.

롯은 습관처럼 저녁만 되면 성문에 앉아 멀리 서쪽 노을을 바라보았다. 그때 멀리서 두 사람이 다가왔다. 우리는 그들이 천사라는 것을 알지만, 롯은 전혀 알지 못했다. 다만 그 두 사람이 소돔 사람이 아닌 것은 분명하였다. 그들은 소돔 사람처럼 죄악된 사람이 아니라 경건한 사람이었다. 걷는 자세나 모습이 소돔 사람과 달랐다.

가끔 모르는 사람이 "혹시 목사님이세요?"하고 물을 때가 있다.

"아니, 어떻게 아셨어요?"

"아, 그렇게 보였어요."

청바지에 티셔츠만 입었는데 그런 소리를 들으면 괜스레 기분이 좋아진다. 모르는 사람이 "혹시 교회 다니세요. 친절하신 모습을 보니 교회 다니는 사람처럼 보여요"라는 말을 들으면 괜히 으쓱해진다. 그건 내 안에 그리스도의 모습이 조금이라도 보였다는 뜻이기 때문이다. 롯은 다가오는 두 사람이 범상치 않은 사람임을 알았다. 그리고 가능하다면 밤새 경건한 교제를 하고 싶었다.

초대교회 성도들은 험악한 환경에서 신앙생활을 했다. 예수 믿는다는 것이 알려지면 어떤 불이익을 받을지 모르는 상황이었다. 그들은 조용히 숨죽이며 신앙생활하였다. 그들은 약하고 외로웠고, 소수였다. 진실한 교제, 경건한 교제, 마음놓고 성경 이야기를 하고 싶었다.

마침내 초대 그리스도인들은 물고기 암호(Ictus: 하나님의 아들 구주 예수 그리스도의 첫 글자를 따서 만든 글자)를 만들었다. 그들은 자기 집에 물고기를 그려놓았다. 그리스도인이 지나가다 물고기 표시를 보고 들어와 조용히 물고기 그림을 그린다. 그리고 대화한다.

"예수 믿으세요?"

"예. 저는 빌립보에서 왔습니다."

"예. 저도 그곳 소문을 들었습니다. 장사 루디아 자매가 바울 선생님을 자주 만나 교회를 세웠다지요."

"알고 계셨군요. 반갑습니다."

"어서 들어오세요. 먼 길 오시느라 피곤하실 텐데."

전에 한 번도 만난 적 없지만, 물고기 신호 하나로 두 사람은 밤이 맞도록 신앙 이야기를 나누었을 것이다. 초대교회는 바로 그러한 교제를 바탕으로 모든 환난과 시련을 이겨낼 수 있었다. 그들은 성도의 만남이 얼마나 소중한지 알고 있었다. 성도들이 서로 만나는 것이 그들에게 큰 위로가 되었다.

사람들은 롯을 별로 좋아하지 않는다. 그는 욕심 많게 소돔과 고모라를 선택하였다. 살기 좋은 동네에서 편안함과 행복을 누려 보려는 지극히 인간적인 생각을 하는 사람이었다. 그러나 생각과 달리 그 도성은 멸망하였고, 부인은 소금기둥이 되었다. 사위들도 구원하지 못하고 겨우 두 딸만 데리고 도망쳐 나와 동굴에서 살다가 딸들과 부정한 짓을 하여 모압과 암몬 자손을 낳았다.

어찌 보면 참으로 수치스러운 사람이다. 혹자는 아브라함이 고향 땅을 떠날 때 조카 롯을 데리고 나온 것은 잘못된 결정이라고 생각한다. 나도 롯을 좋게 평가하고 싶은 생각이 전혀 없다. 그런데 베드로 사도는 롯에 대해 다른 평가를 하였다.

"무법한 자들의 음란한 행실로 말미암아 고통당하는 의로운 롯을 건지셨으니 이는 이 의인이 그들 중에 거하여 날마다 저 불법한 행실을 보고 들음으로 그 의로운 심령이 상함이라."(벧후 2:7,8)

베드로는 롯을 의롭다고 평가하였다. 그가 의롭다고 평가받은 이유는 그가 소돔과 고모라의 불법한 행실을 보고 마음이 상하였기 때문이다. 성경에서 우리를 의롭다고 하는 이유는 다른 데 있지 않다. 훌륭한 행실과 품위있는 태도와 청결한 도덕을 실천하므로 의롭다고 한 적은 한 번도 없다. 우리가 아직 죄인이었을 때 우리를 위하여 십자가에서 피 흘려 죽으신 예수 그리스도의 공로로 우리는 의롭다 함을 얻었다. 그런데 우리는 의로움을 나의 공로, 나의 행실, 나의 인격, 나의 품성, 나의 도덕으로 입증하려고 애를 쓴다. 사실 그럴 필요가 전혀 없다. 그것은 십자가의 공로가 부족하다는 의사 표시이기 때문이다.

그리스도인은 세상을 바라보면서 마음이 상하면 그것으로 충분하다. 그리스도인은 자신의 부족과 죄됨을 보면서 마음이 상하면 그것으로 족하다. 그리스도인은 하나님 앞에서 감당할 수 없는 사명으로 힘들어하는 것으로 족하다.

그리스도인은 자신의 공로나 선행으로 살지 않는다. 그리스도인은

225

사람들의 칭찬을 받아서 사는 것이 아니다. 그리스도인은 부족하고 연약하지만, 수치스러운 죄가 많지만, 나를 사랑하사 나를 위하여 자기 몸을 버리신 예수 그리스도를 의지하므로 산다.

롯은 의로운 행동을 한 적이 거의 없다. 그가 부지 중에 천사를 대접하고 지키려고 한 것은 훌륭한 일이지만, 롯의 딸 입장에서 생각하면 그것은 정말 끔찍한 순간이었다. 아버지가 딸들을 소돔 사람들에게 내 주면서 윤간을 하든, 강간을 하든 마음껏 하라고 했기 때문이다.

롯은 어찌 보면 정말 최악의 그리스도인이다. 부족함이 한 가지가 아니라 백 가지 천 가지 만 가지가 되는 사람이다. 그런 그가 마음이 상했다. 소돔 사람 때문에 마음이 상했고, 그 도시를 떠나지 못하고 구차하게 살아가는 자신의 모습 때문에 마음이 상했다. 그는 경건한 교제를 사모했다. 신약적으로 표현하면 그는 그리스도의 구원을 간절히 사모하였다. 자신을 건져줄 하나님의 손길을 간절히 기다렸다.

도시 속에 살아가는 우리의 모습은 곧 롯의 모습이다. 어쩌면 롯보다 더 끔찍한 죄를 저지르며 살아가는지도 모른다. 그러나 마음에 상함이 있다면, 자신의 죄 됨을 깨닫고 주님 앞에 온전히 무릎 꿇으면서 주님의 손길 부여잡고 일어서기를 간절히 사모한다면, 그는 구원을 받을 것이다. 자랑하고 내세울 것이 하나도 없지만, 하나님께서는 그를 의롭다고 불러 주실 것이다.

그리스도께서 장차 오실 때에 이스라엘과
이방인, 부자와 가난한 자 그리고 강자와 약자의
모든 구별과 차별을 철폐하시고, 사랑과 정의로
다스리는 나라, 하나님의 은혜와 평화로 가득한
나라가 완성되는 것이다.

8

베드로후서 3:3,5,9

마라나타

초대 그리스도인들은 "마라나타. 주 예수여, 오시옵소서" 하고 인사하였다. 그들은 어떤 마음으로 주님의 재림을 인사말로 사용했을까? 그들은 삶이 너무 힘들고 괴로워서 주의 재림을 사모했을까?

어쩌면 그럴지도 모른다. 폭력적인 로마 제국의 핍박과 항상 따라다니며 고발하고 시비 거는 유대교 틈바구니에서 정처없이 떠도는 나그네 그리스도인들이 주께서 속히 오시기를 소망하는 것은 자연스러운 반응일 수 있다. 그러나 정말 초대 그리스도인의 인사말이 그런 뜻만 있는 것일까? 일반적으로 세상의 위협 앞에 보일 수 있는 반응은 몇 가지이다.

첫째, 두려워하며 겁을 집어먹고 절망하거나 도망친다. 겁을 먹으면 할 수 있는 일이 없다. 숨어서 조용히 기도하는 것밖에 없다.

"마라나타. 주 예수여, 어서 오시옵소서. 우리를 괴롭히는 저들을 감당할 힘이 없으니 주께서 속히 오셔서 저들을 물리쳐 주시옵소서. 죄악으로 가득한 세상, 폭력과 교만으로 가득한 세상을 깨끗이 처단하여 주시옵소서."

이런 기도는 세상을 향한 증오와 적대감의 표현이다. 이런 기도는 '자신은 선하고 세상은 악하다'는 이분법적 기도이다. 이들은 교회 안에서 문을 잠그고 숨죽이며 주님 오시기만 기다리는 나약한 자들이다. 이들은 나만 예수 잘 믿고 구원받으면 되고, 세상 사람은 멸망하든 저주받든 상관없다고 생각하는 방관주의자들이다. 이들은 아무도 멸망하지 아니하고 다 회개하고 구원받기 위하여 오래 참으시는 하나님의 마음을 헤아리지 못하는 사람들이다(벧후 3:9).

둘째, 세상의 위협 앞에 용감하게 대항하여 싸우려는 반응이다. 저들이 힘을 자랑한다면, 그리스도인도 똘똘 뭉쳐서 힘으로 대응해야 한다고 생각한다. 베드로는 칼을 빼 대제사장의 종을 쳐 그 귀를 잘라버렸다. 그때 예수님은 말씀하셨다.

"칼을 가지는 자는 다 칼로 망하느니라."(마 26:52)

로마가 칼과 창으로 세계를 정복하고 제국을 건설하였다고 해서, 하나님 나라도 칼과 창으로 만들려고 하면 안 된다. 세상 나라가 돈의 힘을 의지해서 기업을 일으켰다고 해서, 교회가 돈의 힘을 의지하면 안 된다. 세상이 조직의 힘, 시스템의 힘, 경영의 힘을 의지한다고 해서, 기독교가 그들을 따라할 수는 없다. 그건 하나님의 능력과 약속과 비전을 믿지 못하고 인간의 힘과 계획을 의지하려는 마음이다.

베드로 사도는 초대 그리스도인을 조직하여 메가처치를 만들어 세상과 대항하려 하지 않았다. 커다란 교회, 수천억 원의 교회 재산, 수만 명의 그리스도인, 권력자들과 친분 관계, 등으로 세상과 맞서 싸우는 모습은 하나님의 생각이 아니다.

세상의 힘을 추구하는 사람이 저지르기 쉬운 잘못이 또 하나 있는데 그것은 세상의 힘과 타협하는 것이다. 어떤 사람은 세상에서 성공하고 승리하려면, 힘있고 돈 있는 로마 제국과 타협하는 길밖에 없다고 주장한다.

사단은 예수님을 지극히 높은 산으로 데리고 가서 천하 만국과 그 영광을 보여 주며 자기에게 엎드려 경배하면, 이 모든 것을 주겠다고 하였다. 악마 메피스토펠레스는 세상의 온갖 쾌락과 향락을 다 주겠다고 하면서 파우스트를 유혹한다. 파우스트는 자신의 영혼을 악마에게 주기로 하고 그 제안을 받아들여 타락의 길을 걸었다.

힘의 유혹, 권력의 유혹, 돈의 유혹은 초대 그리스도인에게도 있었다. "말세에 조롱하는 자들이 와서 자기의 정욕을 따라 행하며 조롱"하였다(벧후 3:3). 그들은 정욕에 사로잡혀서 일부러 하나님의 말씀을 잊으려 하는 자들이었다(벧후 3:5). 그들은 하나님의 약속, 하나님의 능력, 하나님의 인도 하심을 일부러 무시하는 자들이다. 그들은 욕심(정욕) 때문에 세상이 주는 유혹에 굴복하였다. 힘들고 험한 세상에서 굳이 어렵게 살 필요가 없다고 주장하는 자들이다. 편한 게 좋은 것이고, 돈이 최고고, 세상에서 행복한 것이 진리라고 주장하는 자들이다.

베드로 사도는 하나님 나라를 소망하며, 이 땅에서 하나님 나라를 만들려고 하는 그리스도인들을 경계하였다. 욕심에 사로잡혀 세상과 타협하는 자들을 따르지 마라. 그리스도인이 꿈꾸는 나라와 세상이 꿈꾸는 나라는 완벽히 다르다. 세상의 힘과 권력으로 하나님 나라를 만들 수 없다. 만일 세상의 힘과 방법을 의지하여 만들었다면, 그것이 아무리 크고 아름답다 할지라도 하나님 나라는 아니다.

셋째, 하나님의 약속을 의지하여 세상에서 하나님 나라를 이루고자 당당히 전진하는 반응이다. 종말은 그리스도인에게 희망이다. 종말은 역사를 끝장내는 날이 아니라 새로운 하나님의 나라가 완성되는 날이다.

하나님 나라는 주님께서 성육신하여 이 땅에 오시면서 시작하였다. 주님은 세상의 폭력과 위협에 맞대응하지 않으시고 십자가에서 죽으셨다. 주님은 세상의 힘이 아니라, 섬김과 사랑과 희생으로 하나님 나라를 세우려 하셨기 때문에 십자가를 지셨다. 십자가의 도가 멸망하는 자들에게는 미련하게 보일지 몰라도 그것이 바로 하나님의 능력이다(고전1:18).

십자가는 죽음으로 끝나지 않고 부활로 나아간다. 하나님께서는 주님을 죽음 아래 두지 않으셨다. 사망 권세를 깨트리고 부활하신 주님은 세상이 자랑하는 힘(폭력과 죽음)을 무력화하고 하나님의 영광으로 채우셨다. 부활은 하나님 나라의 모습을 보여준다. 하나님 나라가 가까웠다고 선언하셨던 주님은 곧이어 사람들에게 하나님 나라가 너희 것이라고 선언하셨다. 주님의 선언은 말로만 그친 것이 아니라 십자가와 부활로 실제임을 나타내셨다.

이제 부활을 믿는 그리스도인은 하나님 나라를 실제화하는 사람들이다. 비록 부족하고 연약하고 무능하지만, 그들은 부활의 주님을 믿고, 부활의 주님을 모시며 사는 사람들이다. 성령님이 그들과 함께하셔서 그들을 인도하여 주시기 때문에 조금씩 하나님 나라를 이루어간다. 그리고 그들의 수고와 노력이 점점 모여 마침내 하나님 나라를 완성하는 날이 다가오는데, 그날이 바로 그리스도의 재림이다. 그러므로 재림은 끝이 아니라 완성이다.

세대주의자들이 그리는 종말은 하늘과 땅이 불에 타고, 세상은 아수라장이 되는 모습을 그린다. 그러한 해석은 하나님의 계획과 디자인과 목적을 전혀 생각하지 못한 결과이다.

하나님은 우리를 구원하실 때 죄로 말미암아 더럽혀진 우리를 거듭나게 하심으로 새사람이 되게 하신다. 옛사람이 죽고 새사람이 된다고 해서 옛사람의 인격과 성품과 본질이 사라지는 것이 아니다. 구원은 바로 옛사람인 내가 새롭게 되는 것이지, 전혀 다른 엉뚱한 사람이 되는 것이 아니다. 새 하늘과 새 땅도 마찬가지다. 불로 심판한다는 말씀은 불로 없애버리겠다는 뜻이 아니라, 불로 정화한다는 뜻이다. 그리스도인도 성령과 불로 세례를 받음으로 정화되고 새로워지고 거듭나는 것이다(마 3:11).

무엇보다도 예수님께서 제자들에게 하나님 나라를 가르치시고, 하나님 나라를 완성하라고 명하셨는데, 우리가 애쓰고 힘써서 만들어 간 하나님 나라 모습이 별 볼일 없으니 싹 무시하고 완전히 다른 나라를 주는 것이 아니다.

하나님은 우리를 하나님 나라의 동업자로 부르셨다. 하나님은 우리의 미련하고 둔한 입술을 사용하여서 구원역사를 이루신다. 하나님은 우리를 사용하셔서 하나님 나라를 이루신다. 하나님은 우리와 함께 일하는 것을 기뻐하신다.

초대교인들이 "마라나타. 주 예수여, 오시옵소서"라고 인사한 것은 세상에 대한 증오심과 분노로 하는 인사도 아니요, 자기들의 힘으로 세상과 맞서 싸우자고 결의하는 인사도 아니었다. 그 인사는 지금 자신들이 이루어가는 하나님 나라를 하나님께서 반드시 이루실 것이라는 확신과 믿음으로 하는 인사다.

그들은 희망으로 가득하여 밝고 기쁜 마음으로 "마라나타. 주 예수여, 오시옵소서"라고 인사하였다. 그러므로 종말을 이야기하는 것은 바르게 신앙생활하지 않으면, 무서운 심판이 있을 것이라고 공포심을 조장하는 저급한 논리가 아니다.

그리스도인에게 종말은 희망이요, 하나님 나라의 완성이다. 그리스도께서 장차 오실 때에 이스라엘과 이방인, 부자와 가난한 자 그리고 강자와 약자의 모든 구별과 차별을 철폐하시고, 사랑과 정의로 다스리는 나라, 하나님의 은혜와 평화로 가득한 나라를 완성하신다.

힘없는 나그네 그리스도인에게 종말은 위대한 희망이다. 비록 세상이 험악하고, 복음에 대해서 적대적이긴 하지만, 그들은 희망이 있다. 비록 세상의 힘과 권력이 크고 무섭지만, 그들에게는 이 세상 그 무엇과도 비교할 수 없을 만큼 강하고 능하신 하나님이 계신다. 비록 자신은 힘없는 뜨내기요, 가진 것 없는 나그네요, 무식한 떠돌이지만, 그들에게는 하나님 나라를 완성하겠다는 하나님의 약속이 있다.

하나님의 나라는 하나님께서 계획하고 이끌고 완성하신다. 세상에 약한 자들, 없는 자들, 무식한 자들을 동업자로 부르고 사용하셔서 하나님 나라를 만드신다. 이 모든 일(하나님 나라를 완성하는 일) 배후에는 하나님이 계신다.

그리스도인은 바로 그 하나님을 믿기 때문에 세상의 칼과 창을 두려워하지 않고, 세상의 힘과 방법을 의지하지 않는다. 세상이 험하고 악하고 크고 강하다 할지라도 그리스도인은 절대 기죽지 않는다. 오히려 하나님께서 완성하실 그날, 주님의 재림을 바라보면서 기쁨으로 나아간다. 그러므로 그리스도인의 발걸음은 희망으로 가득하다.

"우리 주님께서 오래 참으시는 것도 모든 사람에게

구원받을 기회를 주시려는 것이라고 생각하십시오."

_벧후 3:15, 공동번역

베드로후서 3:11-17

십자가 정신과 하나님 나라

　　그리스도인은 하나님의 약속을 믿고 새 하늘과 새 땅을 기다리는 사람이다(벧후 3:13). 종말에 대한 희망은 구약에서 시작하였다. 이스라엘의 멸망을 바라보면서 선지자들은 새로운 시대, 새로운 나라를 꿈꾸었다.

　　그러나 선지자들의 희망은 유대 민족주의에 의하여 변질되었다. 그들은 종말을 뜻하는 여호와의 날을 원수를 멸절하는 날이요, 심판의 날로 해석하였다. 또한 지금까지 온갖 수모와 고통과 억압을 경험한 이스라엘의 정당성을 하나님께서 확인시켜 주는 날로 해석하였다. 그러므로 원수들에게는 저주의 날이요, 이스라엘에게는 구원의 날이다. 그러나 구약 선지자들이 선포한 심판은 이방뿐만 아니라 이스라엘에게도 해당되는 말씀이지, 원수들에게만 해당되는 것은 아니었다.

　　유대 민족주의가 이런 생각을 한 이유는 역사적 배경이 있다. 이스라엘은 바벨론에 의해 나라가 멸망한 후 예수님이 탄생하실 때까지 온갖 압제와 핍박을 경험하였다. 일제 36년 식민지 경험만으로도 우리는 일본을 원수처럼 여기는데, 이스라엘은 무려 400년 이상 식민 백성으로 살았으니 그럴 만하다.

바벨론, 페르시아, 그리스, 로마를 거치면서 그들은 온갖 풍파를 경험했다. 지금도 인권 사각지대에 사는 사람이 많은데, 그때 이스라엘 백성에게 인권이란 존재하지 않았다. 살아있다는 것이 기적일 정도로 처참한 생활을 하였다. 수많은 상처와 수치와 모욕이 쌓이고 쌓여 그들 마음속에 복수심으로 채웠다. 그들이 와신상담(臥薪嘗膽)하며 칼을 가는 세월이 400년이니 그 칼이 얼마나 예리하고 날카로울지 짐작할 수 있다.

그뿐만 아니다. 400년 식민지 생활을 하면서 이스라엘 민족의 회복을 포기한 사람도 있었다. 그들은 종교 지도자들이고, 정치 지도자들이었다. 일제 36년 동안에도 민족의 지도자라고 자처하던 사람이 나중에 변절하여 일본의 앞잡이가 되는 경우가 있었다.

후일 그들은 '일본이 망할 줄 정말 몰랐다'고 하였다. 태평양을 자기 앞바다로 만들고, 동남아시아를 점령하고, 미국을 상대로 전쟁을 벌이는 일본은 천하무적처럼 보였다. 막강한 일본에 비하여 조선은 너무나 보잘 것없고, 비천하여 소망이 없어 보였다. 그들은 조선이 살기 위해서는 일본에 빌붙어 최소한 받아야 할 혜택을 받자는 주장이었다.

일본의 2등 시민으로라도 대접받기 위하여 일군에 지원하라고 하였고, 일본이 세워 주는 학교와 철도와 산업의 혜택을 누려야 한다고 주장하였다. 그런 주장의 이면에는 철저한 절망과 패배주의가 있었다. 패배주의는 또한 이기주의로 연결되어, 혼자라도 잘 살아보자는 속셈으로 변질한다.

식민지 이스라엘에도 같은 일이 있었다. 언제나 그러하듯이, 제국의 힘을 의식하여 그들 앞에 고개 숙이는 사람은 힘이 얼마나 좋은지 아는 사람들이다. 그들은 소위 지도자라고 하는 사람이다. 정치 지도자가 변절하는 것은 그렇다 치더라도, 종교 지도자인 제사장들과 사두개인들이 로마의 앞잡이가 되어 백성을 수탈하는 모습은 치욕스럽다.

에센파는 유다 종교의 타락에 절망하였다. 그들은 유대 광야 쿰란 동굴에서 공동체 생활을 하며 여호와의 날을 기다렸다. 여호와의 날은 지금까지 이스라엘을 괴롭혔던 모든 악한 세력과 그들의 앞잡이가 되어 종교를 타락시킨 종교 지도자들을 다 처단하는 날로 생각하였다. 그들이 얼마나 메시아의 오심을 기다리고 사모했는지 짐작할 수 있다. 마침내 예수 그리스도께서 오셔서 하나님 나라를 여셨다.

"회개하라 천국이 가까이 왔느니라."(마 4:17)

그러나 유대인들은 예수님을 거절하였다. 예수님이 보여주고, 이루어가는 하나님 나라는 그들이 원하는 나라가 아니었다. 유대인들은 철저하게 민족주의적인 희망과 자부심과 결속을 확인하고 입증해 주기를 원했다.

민족주의는 자기 민족을 사랑하는 마음이다. 언뜻 보면 좋은 듯하지만, 모든 민족은 자기 민족을 사랑한다. 한국인이 한국을 사랑하듯, 일본인은 일본을 사랑한다. 그러므로 민족주의는 필연적으로 충돌을 일으킨다. 자기 민족이 승리하면 좋지만, 패배하면 싫다. 일본이 조선을 침략하고 대동아 공영권을 만든다고 했을 때 일본인들은 얼마나 좋아했을까? 그건 일본 민족주의이고, 나아가 일본 제국주의이다. 만일 한국이 일본을 점령하면, 우리는 또 얼마나 좋아할까? 유대 민족이 다른 민족을 멸절하고, 자기 민족만으로 하나님 나라를 만들자는 생각은 지독한 이기주의일 뿐이다.

하나님 나라는 민족주의를 거부한다. 하나님 나라는 힘을 숭배하고, 모든 것을 결과와 열매로 평가하는 실용주의도 거부한다. 십자가는 철저하게 실용주의를 거부한다. 십자가는 악을 어떻게 상대해야 하는지 보여준다. 힘에 의한 공격과 복수, 심판과 저주는 십자가의 정신이 아니다.

십자가는 무한한 사랑과 희생과 오래참음이다. 그러므로 초대교회 성도들이 가졌던 종말론은 유대교의 종말론과는 다른 하나님 나라를 꿈꾸었다. 베드로는 모든 사람(정말 모든 사람)이 구원받기를 소망하였다.

"우리 주님께서 오래 참으시는 것도 모든 사람에게 구원받을 기회를 주시려는 것이라고 생각하십시오."(벧후 3:15, 공동번역)

그러므로 그리스도인은 예수 그리스도께서 이 땅에 오신 이유를 확실히 알고 메시아적 삶을 사는 사람이다. 그들은 예수님이 어떤 모습으로 사람에게 다가갔는지를 배우고 그대로 실천한다. 약한 자, 병든 자, 가난한 자, 옥에 갇힌 자, 굶주린 자, 나그네들에게 은혜의 해를 선포하기 위하여 세상에서 가장 낮고 천한 모습으로 오신 주님을 실천하는 사람이다. 그들은 예수께서 시작하셨던 하나님 나라를 이어서 실천하는 메시아적 공동체를 이루는 사람이다.

그들은 메시아적 삶을 통하여 사람들에게 구원이 무엇인지 확실하게 보여준다. 구원은 이방인과 유대인 사이에 막힌 담을 허무는 평화요, 철천지원수를 품어 안는 사랑이요, 낯선 나그네를 환대하므로 하나님 나라의 맛을 보여주는 것이다. 구원은 말로 하는 선포가 아니라 삶으로 맛보게 해주는 데서 효력을 발휘한다. 그런 면에서 그리스도인 공동체는 나눔과 교제가 충만한 성령 공동체이다.

그리스도인은 열방의 빛이 되어 하나님 나라를 만드는 자이다. 열방은 멸망하고 복수할 대상이 아니다. 그들은 하나님 나라에서 함께 찬양하고 기뻐하고 축제를 즐길 대상이다. 구약의 선지자들도 열방과 민족이 하나님 앞에서 찬양하고 기뻐할 날을 꿈꾸었다.

"그 날에 이새의 뿌리에서 한 싹이 나서 만민의 기치로 설 것이요 열방이 그에게로 돌아오리니 그가 거한 곳이 영화로우리라."(사 11:10)

하나님께서 아브라함을 부르실 때부터 모든 민족과 열방을 향한 계획을 밝히셨고, 그 사명을 주셨건만 유대인들은 이 말씀을 철저하게 외면하였다.

반면에 신약의 저자들은 이 말씀을 실현하는 공동체로 교회를 생각하였다. "이방인들도 그 긍휼하심으로 말미암아 하나님께 영광을 돌리게 하려 하심이라. 기록된 바 그러므로 내가 열방 중에서 주께 감사하고 주의 이름을 찬송하리로다 함과 같으니라. 또 이르되 열방들아 주의 백성과 함께 즐거워하라 하였으며 또 모든 열방들아 주를 찬양하며 모든 백성들아 그를 찬송하라 하였으며"(롬 15:9-11). 베드로 사도는 "우리는 그의 약속대로 의가 있는 곳인 새 하늘과 새 땅을 바라보도다"(벤후 3:13)고 하였다.

여기서 그리스도인의 삶의 자세와 모습이 자연스럽게 드러난다. 그들은 하나님 나라를 이루기 위하여, 하나님 나라 백성으로서 흠과 티 없이 살면서 하나님과 화목하는 사람이어야 한다(벧후 3:14). 하나님과 화목은 타자와 관계로 드러난다. 하나님과 직접적인 관계의 화목을 위하여 성경 보고, 기도하는 경건생활도 의미 있다. 그러나 하나님 앞에서 참된 경건과 화목은 그의 삶으로 진리를 실천하며, 타인과 관계 맺기를 어떻게 하느냐로 드러난다.

마태복음 25장에 예수님께서 마지막 심판 날, 양과 염소를 가리는 기준을 설명하였다. 그 기준은 하나님과 직접적인 관계에서 경건과 화목을 이야기하지 않았다. 그 기준은 철저하게 타자와 관계, 특별히 굶주린 자, 목마른 자, 나그네, 헐벗은 자, 병든 자, 옥에 갇힌 자를 돌보는가였다.

그러므로 하나님 나라를 이루는 삶은 이론적이거나 교리적이 아니라 실천적이다. 그것은 약자가 약자를 돌보는 삶이다. 결론적으로 하나님 나라를 이루는 삶은 십자가의 삶이다.

베드로후서 3:18

마지막 인사, 영광 받으소서

"오직 우리 주 곧 구주 예수 그리스도의 은혜와 그를 아는 지식에서 자라 가라 영광이 이제와 영원한 날까지 그에게 있을지어다."(벧후 3:18)

베드로 사도는 나그네 그리스도인에게 마지막 인사를 하였다. 요즘처럼 교통과 통신이 발달하여도 멀리 떨어져 있으면 보기 힘들다. 2,000년 전 그들은 다시 만날 기약이 전혀 없었다.

나는 베드로의 마지막 인사가 형식처럼 느껴지지 않는다. 베드로의 마음과 소망과 기도가 여기 다 담겨 있다고 생각한다. 베드로는 분명한 확신이 있었다. 그것은 이제와 또 영원히 그리스도께 영광이 있을 것이라는 사실이다.

그는 승리를 믿었다. 그는 자기에게 맡겨진 사명을 다 완수하지 못했지만, 세대를 이어 가면서 그 사명은 반드시 이루어질 거라고 믿었다. 그

242
성경 속 노마드

것은 그들의 끈질김 때문도 아니고, 노력이나 전략 때문도 아니다. 그것은 그리스도의 그리스도되심 때문이다.

그리스도는 하늘 보좌를 버리고 육신을 입으시고 이 땅에 오셨다. 사람 중에 가장 낮고 천한 모습으로 오셨다. 그러나 사람들은 그를 받아들이지 않았고 오히려 멸시와 모욕을 주었다. 채찍질도 하고, 침도 뱉고, 절벽으로 밀어 죽이려고 하였다. 그는 정말 연한 순 같고 마른 땅에서 나온 뿌리같이 말라 비틀어지기 일보 직전이었다. 그에게는 사람들이 흠모할 만한 아름다운 것이 없었다.

예수님은 자신을 목자로 비유했다. 사람들은 목자이신 예수님을 깨끗하고 하얀 세마포 옷을 입은 모습으로 그렸지만, 사실은 전혀 달랐다. 예수님은 제자들에게 두 벌 옷을 가지지 말라고 하셨다. 그걸 보아서 예수님도 옷 한 벌로 3년 공생애를 지내셨다.

자주 빨아 입었을까? 목욕은 자주 하셨을까? 이스라엘은 물이 귀한 지역이다. 우리 조상도 한 해에 단옷날 한 번 마음먹고 머리를 감았다. 수년 전 중국 시골 마을에 갔을 때, 머리를 하도 안 감아서 떡이 진 사람들을 보았다. 한 명만 그런 것이 아니라 대부분의 중국 사람이 그러하였다. 가정 교회 안에 모인 사람들에게 나는 냄새는 정말 지독하였다.

예수님은 말씀하시기를 "여우도 굴이 있고 공중의 새도 집이 있으되 인자는 머리 둘 곳이 없도다"(눅 9:58)고 하였다. 예수님은 노숙도 여러 차례 했을 것이다. 목자들은 양을 칠 때면 언제나 노숙하였다. 밖에서 노숙해야 하는 목자는 이스라엘에서 천대받는 직업 중 하나이다. 예수님은 깨끗하고 하얀 세마포 옷은커녕 누더기 같고, 더럽고, 냄새나는 옷을 입었다. 예수님은 자신을 낮추고 낮추어서 목자라고 하였다. 양을 위하여서는 자신의 건강도, 깨끗함도, 생명도 다 포기하는 목자로 자신을 표현하였다.

예수님은 사람들에게 멸시를 받아 버림받는 자로 살았으며, 수많은 고난 속에 슬픔을 늘 가슴에 담고 살았다. 그리고 마침내 그들 모두의 죄와 허물과 연약함을 다 담당하시고 십자가에 달려 돌아가셨다.

예수님께서 그런 삶을 사신 이유는 한 가지이다. 우리의 구원이다. 그 구원은 이기적인 구원이 아니다. 구원받은 사람만 잘 믿고 잘 살다가 천국 가는 구원이 아니다. 마샬 맥루한은 미디어란 단순히 커뮤니케이션 도구가 아니라 인간 능력의 확장이라고 하였다. 자동차는 발의 확장이고, 컴퓨터는 뇌의 확장이다. 미디어는 눈과 코와 입과 귀를 포함한 감각기관의 확장이다. 예수님은 십자가와 부활을 통하여 사람을 구원하시고, 다시 말하면 새롭게 태어나게 하므로 작은 예수를 만드셨다. 그들은 예수님의 손과 발이 되어 예수님을 확장하는 사람들이다. 하나님 나라는 그렇게 이루어진다.

삭개오는 예수님으로부터 은혜를 받자 예수님께서 무어라 말도 하기 전에 그는 선언하였다. "주여 보시옵소서. 내 소유의 절반을 가난한 자들에게 주겠사오며 만일 누구의 것을 속여 빼앗은 일이 있으면 네 갑절이나 갚겠나이다"(눅 19:8).

그는 주님으로부터 은혜를 받는 순간, 주님의 모습으로 변하였다. 그의 능력으로 모았던 모든 재산을 기꺼이 타자를 위하여 아낌없이 내어

놓았다. 그렇게 예수님의 손과 발이 되어 예수님을 확장하였다.

바울은 예수 그리스도를 영접한 이후 이방의 사도가 되어 받은 바 말씀을 나누었다. 바울은 성경을 공부하면서 깨달은 은혜와 진리가 있었기에 그것으로 예수님의 손과 발이 되었다. 말씀을 들을 때 감격이 있고, 감동이 있는 자는 자신이 받은 감동을 말씀으로 나누어야 한다. 그렇게 예수님을 확장하는 자이다.

내가 아는 한 자매는 찬양에 은혜를 받았다. 찬양을 부를 때면 눈물이 나왔고, 감동이 있었다. 그 자매는 찬양을 통하여 예수님을 만났고, 그 만남을 다시금 찬양으로 다른 사람에게 전하였다. 앞에 서서 찬양하는 자세와 모습이 정말 예수님을 보는 듯하였다. 세상의 가수처럼 아름다운 목소리로 노래하지 못하지만, 그래도 그 자매는 찬양을 통하여 예수님을 확장하였다.

내가 아는 한 장로 부부는 기도 대장이다. 시무를 할 때에도 새벽 기도를 빠지지 않았지만, 은퇴한 뒤에도 기도 생활을 멈추지 않았다. 그 가정은 기도 생활하면서 예수 그리스도를 경험하였다. 기도하는 것이 기쁘고 즐거웠다. 장로 부부는 다른 사람을 위하여 중보 기도하는 데 앞장섰다. 성도들은 장로 부부에게 기도 부탁을 하였고, 기도 응답의 역사는 자주 일어났다. 예수님은 그 장로 가정의 기도를 통하여 확장하였다.

가끔 어떤 사람은 받은 은혜를 혼자 누리고 마는 경우가 있다. 성도들의 기도와 협조로 막혔던 문제가 풀어지고 해결되어 물질의 복을 받은 가정이 있었다. 엄청난 물질의 복을 받았지만, 중보기도팀에 밥 한 번 사는 것으로 끝냈다.

삭개오 같으면 그 물질을 어떻게 사용했을까? 자기만 누리고 마는 복은 복이 아니다. 예수님으로부터 은혜를 받고 사랑을 받고 복을 받는 것은 좋은 일 같아 보이지만, 받는 것으로 멈추고 확장하지 못한다면, 그것은 거기서 멈추거나, 아니면 화로 바뀔 가능성이 크다.

기독교의 확장은 받은 은혜를 나누고 베풀면서 자라는 법이다. 베드로는 주님으로부터 받은 은혜에 감격하여 일생 주의 복음을 전파하는 자가 되었다. 그가 비록 말이 어눌하고, 글이 서툴렀지만, 3년 동안 예수님께 제자훈련을 받으며 은혜를 받았기에 그도 복음 전파자로 사역하였다. 그는 순교할 때도 예수님처럼 십자가에 바로 매달리기보다 거꾸로 매달려 죽기를 원하였다. 그의 가슴을 뛰게 한 은혜와 사랑이 죽는 순간까지 마르지 않았다는 증거이다.

베드로는 자신의 뒤를 이을 이름없는 나그네 그리스도인들도 자기와 같은 감격과 감동을 가지고 인생을 살 것이라고 확신하였다. 예수님의 손과 발이 되어 예수님의 은혜를 나누며 베풀 것이라 확신하였다.

하나님 나라는 전략으로 확장되는 것이 아니다. 하나님 나라는 돈이나 힘이나 건물로 확장되는 것이 아니다. 하나님 나라는 각자가 그리스도에게 받은 다양한 은혜와 은사와 능력과 달란트로 그리스도의 손과 발이 되어 실천할 때 완성된다. 베드로는 바로 그런 방식으로 그리스도의 영광이 이제와 영원히 있을 것임을 확신하였다.

오늘날 한국 교회는 돈으로, 건물로, 조직으로, 전략으로 하나님 나라를 만들려고 한다. 화려한 성전, 편리한 주차시설, 각종 편의시설과 교육